Hvem bryr seg om palestinerne?

Jon Andersen

I0082888

Israelbok.no
Himmelbok.no

Hvem bryr seg om palestinerne?
Copyright © 2013 Jon Andersen

Alle rettigheter reservert.
Der ikke annet er oppgitt, er alle skriftsitater hentet
    fra Det norske bibelselskaps oversettelse fra
    1978.
Forsidefoto: Sikkerhetsmuren utenfor Betlehem
Baksidefoto: En minaret i Abu Ghosh
Trykk: IngramSpark, UK
2. utgave på papir, mars 2014
Utgitt av Israelbok, en filial av Himmelbok.no
ISBN: 978-82-690624-0-3

Innhold

Forord

Jeg vil velsigne dem som velsigner deg,
og forbanne den som forbanner deg.
1 Mosebok 12,3

Bibelen er soleklar på at Gud er god og barmhjertig mot oss mennesker, som han har skapt i sitt bilde. Og nettopp fordi Gud er god, har han gitt oss mange råd om hvordan det skal gå godt i livet, og advarsler om farer som lurer. Det er nettopp derfor han har gitt oss Bibelen, som er hans veikart til fred på alle livets områder.

Et av de viktigste spørsmålene som bestemmer hvilken vei livet ditt vil ta, er spørsmålet om Israel. Flere plasser i Bibelen har Gud lovet at han skal velsigne den som velsigner Israel, og han vil forbanne den som forbanner Israel og det jødiske folket. I et skriftsted går Gud til og med så langt at han sier at den nasjonen som ikke vil tjene det jødiske folket, vil gå fortapt og bli fullstendig tilintetgjort.[1]

Dette er et meget sterkt skriftsted, for dette skriftstedet betyr at det ikke går an å være nøytral.

---

1 Jesaja 60,12.

5

Du er enten for eller imot. Det finnes ingen andre alternativer. Enten så tjener du det jødiske folket, eller så gjør du ikke det.

Guds ord er alltid sant, og det gjelder for alle mennesker og for alle nasjoner. I en tid da mange mennesker tviler på om Guds ord faktisk er noe å bry seg om, er det viktigere enn noensinne å se på fakta, for virkelige fakta vil alltid bekrefte at Guds ord stemmer. Det moderne Israel, jødenes hjemkomst og Staten Israels opprettelse er noen av de største eksemplene i verden i dag på at Bibelens profetier faktisk har gått i oppfyllelse.

Da Gud kalte Abraham i Første Mosebok kapittel 12, sa Gud at Abraham og hans etterkommere «skal bli til velsignelse ... I deg skal alle slekter på jorden velsignes.»

Jødenes kall er å være en velsignelse for hele jorden. Hvis vi parafraserer Guds kall fra Første Mosebok 12, kan vi si at når Guds planer med jødene går i oppfyllelse, vil det være en velsignelse for alle nasjoner i verden.

Denne «jødiske velsignelsen» har kommet over verden på mange forskjellige måter. I forskningens verden har mange jøder inntatt en framtredende plass, noe som er åpenbart når man leser listen over alle Nobelpris-vinnere, der mange jødiske navn figurerer. Mange medisiner og medisinske kurer er tilgjengelige for deg og meg nettopp fordi det var en jødisk lege eller professor som gjorde den spesielle oppdagelsen. Jøder har også vært pionerer innen mange andre områder der store framskritt har gjort verden til et bedre sted å leve.

6

Men jødenes kall til å være en velsignelse, går mye dypere enn det vitenskapelige. Da israelittene kom ut fra Egypt og Guds plan for dem gikk i oppfyllelse ved Sinaifjellet, fikk verden en åpenbaring som ble grunnlaget for Bibelen, bøkenes bok. Da jødene kom hjem fra Babylon, makabeerne beseiret grekerne og jødene var frie til å leve et jødisk liv i Israels land, ble Jesus født i Betlehem.

I hele Bibelen, både i Det gamle og Det nye testamente, kan vi finne mange profetier som bekrefter at Gud kommer til å velsigne hele verden når de bibelske profetiene blir fullbyrdet i endetiden. Når Gud fører det jødiske folk tilbake til sitt hjemland, og når Gud gjenoppretter den jødiske nasjonen igjen, vil resultatet av dette være at alle slekter og nasjoner på jorden vil bli velsignet.

I denne boka skal vi se nærmere på en av mange «nasjoner»[2] som finnes i verden i dag og se på hvilket forhold de har til jødene og Israel. Denne boka handler om de araberne som bor i Israel og de administrerte territoriene, som ofte kalles for «palestinere», og hvilket håp disse araberne har for å bli velsignet av Gud eller om de har noen grunn til å frykte Guds forbannelse.

Vi skal se på hva nasjonene omkring det tidligere Palestinamandatet og verdens politiske ledere har gjort og stille spørsmål ved om de har hjulpet til med å velsigne eller forbanne araberne i landet. Vi skal se hvordan araberne i landet er blitt velsignet

---

2   Jeg har satt ordet «nasjon» i anførselstegn ettersom det kan diskuteres hvorvidt palestinerne er en nasjon eller ikke. Se mer informasjon om dette senere i forordet.

når Guds plan for jødene er blitt fullbyrdet, og hvordan de palestinske araberne er blitt forbannet når de har valgt eller er blitt tvunget til å gå imot Guds planer for jødene.

Når jeg i denne boka snakker om «arabere i Palestina», mener jeg de araberne som bodde i dette landet, som i Det nye testamente kalles for «Israels land», før 1948. «Israelske arabere» er de araberne som har fått israelsk statsborgerskap etter 1948. Med ordet «palestinske arabere» eller «palestinere» mener jeg de araberne som har bodd i Judea, Samaria og på Gazastripen etter 1948, og med uttrykket «palestinske flyktninger» mener jeg de araberne som har bodd i forskjellige flyktningeleire rundt omkring i Midtøsten siden 1948. Alle disse ordene omfatter en folkegruppe som av den vestlige verden ofte omtales som en «nasjon» som kalles for «palestinerne».

For mange år siden bestemte FN at definisjonen på en «palestinsk flyktning» skulle være de araberne som bodde innenfor det britiske Palestinamandatet fra juni 1946 til mai 1948 eller deres etterkommere. Det er dermed blitt vanlig at man i dag snakker om alle arabere som bodde i Palestinamandatet i denne perioden, pluss alle deres etterkommere, som palestinere.

Du blir kanskje overrasket når jeg forteller deg at de araberne som bodde i Palestinamandatet før 1948, ikke betraktet seg selv som en nasjon, og de hadde ingen nasjonal historie å peke på. Faktum var at mange av disse araberne hadde mer til felles med og følte mer samhørighet med Egypt eller Syria.

Mange av dem betraktet Palestina som en syrisk provins og mente at de selv var sør-syrere, men at de i bunn og grunn tilhørte den store «arabiske nasjonen». Til slutt var mange av dem dessuten immigranter fra de andre araberlandene rundt omkring.

Etter Seksdagerskrigen i 1967 er det blitt vanlig å kalle disse araberne og deres etterkommere for palestinere, uansett hva de selv mente om saken i 1948, selv om de kanskje bare hadde bodd i landet i to år, og uansett om etterkommerne noensinne har satt sin fot i landet i ettertid.

Den arabiske professoren Azmi Bishara, som har sittet som Knesset-representant i fire perioder, hadde følgende å si om dette spørsmålet: «Jeg tror ikke det finnes en palestinsk nasjon. Det finnes en arabisk nasjon. Jeg tror ikke det finnes en palestinsk nasjon. Det er en oppfinnelse kolonimaktene har gjort. Når oppsto det palestinere? Jeg tror her bare finnes en arabisk nasjon. Fram til slutten på det nittende århundre var Palestina den sørlige delen av Stor-Syria.»[3]

I denne boka vil vi imidlertid ikke drøfte spørsmålet om palestinerne er en nasjon eller ikke. Vi vil ta utgangspunkt i at palestinerne er en folkegruppe som suksessivt fikk en separat identitet i en prosess som begynte under første verdenskrig og som ikke var ferdig før i 1970, og vi vil drøfte

---

3   Azmi Bishara, http://www.youtube.com/watch?v=P3n5-yG-6dU. Norsk oversettelse gjengitt i Arieh Eldad, «Demilitarisert palestinsk stat?», *SMA-info*, nr. 2/2009, Oslo: Senter mot antisemittisme.

hvordan denne folkegruppens forhold til Israel og Guds løfter til Israel er.

Og når vi foretar denne reisen gjennom de palestinske arabernes historie, vil vi erfare at apostelen Paulus' ord fra Romerbrevets fjerde kapittel er sant:

La det stå fast at Gud taler sannhet,
men hvert menneske er en løgner.
Romerne 3,4

Kapittel 1
Velstand og økonomisk vekst

Innbyggerne i Jerusalem og andre byer i Det hellige land hadde mange ganger opp gjennom historien vært vitne til hvordan jødiske immigranter hadde kommet til landet. Noen ganger var det bare en eller to av dem, og andre ganger kom det flere hundre personer på en gang. Men ingenting kunne forberede innbyggerne på det som de ville bli vitne til den siste halvdelen av det 19. århundre.

I 1881 virket det som om en demning brast da 35 000 jøder immigrerte til landet i løpet av et par tiår, og de fleste av dem kom fra Russland. Den kristne antisemittismen i Russland var like farlig som den alltid hadde vært, og på grunn av tsarens jødeforfølgelser, valgte mange jøder å ta beina fatt på jakt etter et bedre liv i sine forfedres eldgamle hjemland, Israels land.

Innbyggerne i landet ble forbauset over hvilken type immigranter det var som kom til landet denne gangen. De fleste jøder som hadde immigrert til Israels land i løpet av de siste tusen årene, hadde vært religiøse jøder som kom for å studere Guds ord. De fleste av dem hadde slått seg ned i de fire jødiske hellige byene, Jerusalem, Hebron, Tiberias

11

og Safed, der de kunne sette seg ned i ro og mak og studere Bibelen i det landet der mesteparten av den var blitt skrevet. Men denne gangen var det en annen type immigranter som kom til landet.

I 1881 besto immigrantene for det meste av verdslige jøder som hadde mer praktiske og håndfaste målsetninger med reisen til Det hellige land. For det første flyktet de fra den antisemittismen de hadde opplevd i Russland og andre østeuropeiske land. For det andre kom de til landet fordi de ville bygge opp landsbyer der de kunne dyrke marken, og de hadde økonomisk støtte fra velstående vestlige jøder som gjorde det mulig å realisere den drømmen som de bar på. Baron Edmond de Rothschild og andre gikk inn og kjøpte landområder fra rike markeiere, som ofte bodde i Alexandria, Beirut eller Istanbul, og noen ganger fra lokale arabere. Den marken de kjøpte, besto som regel av sanddyner, sumper og andre områder der ingen hadde forsøkt å dyrke marken siden romertiden, men nå som sionistene begynte å komme, varte det ikke lenge før det ble grunnlagt flere nye jødiske landsbyer.

Rosh Pina i Galilea, Zikhron Yaakov på Karmelfjellet og Rishon LeZion på kystsletten sørøst for Jaffa var tre av de første landsbyene som ble opprettet, og her begynte de nye immigrantene å dyrke marken. I et land som bare noen år i forveien nærmest hadde vært som en ørken, begynte det nå å vokse opp frukthager og vinplantasjer, og de nye immigrantene viste at det var mulig å tjene penger på de avlingene som landet kunne bære frem.

12

Da den amerikanske forfatteren Mark Twain besøkte landet i 1867, skrev han reiseskildringer der han klaget over hvor tørt og forfallent landet var: «Det er sju på morgenen, og siden vi er på landet, burde gresset skinne av duggen, blomstene berike luften med sin duft, og fuglene synge i trærne. Men akk, det finnes ikke noe dugg her, eller blomster, eller fugler, eller trær. Det finnes en slette og en innsjø uten skygge, og bortenfor dem noen øde fjell.»[4]

I det nittende århundre var det vanlig at man betraktet Palestina som et land som sakte men sikkert svant hen. I hele Palestina, på begge sider av Jordanelven, bodde det kun omtrent 200 000 personer. Halvparten av dem snakket arabisk, og rundt 25 prosent snakket tyrkisk. Blant befolkningen kunne man finne muslimer, beduiner, drusere og kristne fra mange forskjellige kirkesamfunn, og i tillegg var opptil 15 prosent av dem jøder.

Landet var i ferd med å dø ut. De en gang så fruktbare jordene var blitt til ørkener med sand, sumpmarker fulle av malaria og øde åser der det ikke var et tre i sikte. Noen arabiske bønder hadde dessuten latt geitene sine få streife omkring og beite der de ville i landet. Geitene hadde spist opp gresset helt ned til røttene, og deretter eroderte det øverste laget av jord bort. I begynnelsen av det tjuende århundre var det kun halvparten så mange landsbyer i landet som det hadde vært 300 år i forveien.[5]

---

4 Mark Twain, *The Innocents Abroad*, kapittel 46.
5 Isi Leibler, *The Case for Israel*, Executive Council of

Twain reiste også gjennom Huladalen, og han rapporterte at «det finnes ikke en enslig landsby i hele dalens lengde, ikke i femti kilometer i hver retning. Det finnes to eller tre små klynger med beduintelt, men ikke ett enkelt permanent bosted. Man kan ride femten kilometer rundt omkring uten å se ti mennesker.»[6]

Men det var nettopp i denne Huladalen der mange av immigrantene slo seg ned og grunnla den lille landsbyen Rosh Pina.

I 1878 hadde noen jøder fra den hellige byen Safed grunnlagt den første moderne jødiske landsbyen i Galilea, og den fikk navnet Gai Oni. Etter planene ville de dyrke marken der, men etter tre år med tørke, ble innbyggerne nødt til å kaste inn håndkleet. Fire år senere fikk de forsterkninger fra de nye immigrantene, og da ble Rosh Pina grunnlagt av 30 rumenske og russiske familier.

Da de nye immigrantene kjøpte landområdene fra de lokale muslimske araberne, ga de den nye landsbyen navnet Rosh Pina, eller «hjørnestein», etter skriftstedet i Salme 118,22: «Den steinen bygningsmennene vraket, er blitt hjørnestein.»

Livet i Rosh Pina var ikke enkelt. Den lille landsbyen lå i utkanten av Huladalen, der det florerte av mygg og malaria i de endeløse sumpene.

Livet var heller ikke en dans på roser i de landsbyene som ble grunnlagt på kystsletten. Men nettopp her på kystsletten ville jødene snart sette inn et nytt gir i oppbyggingen av landet. Det skjedde i

---

Australian Jewry, 1972, side 10.

6   Mark Twain, *The Innocents Abroad*, kapittel 46.

1909 da en gruppe på 66 jødiske familier grunnla nabolaget Ahuzat Bajit på sanddynene nord for Jaffa. De jødiske familiene ville bygge en by i europeisk stil der alle hus skulle ha sin egen hage og alle gater skulle være åpne og brede, ikke slik som i det trangbodde Jaffa et par kilometer lengre sør. Og året etter fikk Ahuzat Bajit et nytt navn: Tel Aviv.

Profetien fra Esekiel 36, om hvordan Israels land vil blomstre når jødene vender tilbake, ble oppfylt. «Men dere, fjell i Israel, skal få grener og bære frukt for Israel, mitt folk,»[7] sa profeten Esekiel. I løpet av de siste 2000 årene, hadde Israels land vært styrt av mange forskjellige folkeslag, og under disse hedningene hadde det fysiske landet forfalt, og nå var det nesten bare ørken og sumpmarker igjen. Men da jødene kom tilbake til landet, kom Guds velsignelse over det arbeidet de gjorde, og landet begynte å blomstre.

Bølgen av nye immigranter betydde at store mengder kapital og arbeidskraft ble tilført landet. Nå blomstret ørkenen både bokstavelig og billedlig talt.

Økonomien i landet tok seg opp, det ble flere arbeidsplasser, og den lokale produksjonen av mat og kvaliteten på den lokalproduserte maten fløy i været. Palestina var plutselig ikke et glemt hjørne av det tyrkiske riket lenger.

Den jødiske immigrasjonen betydde blant annet at det ble et stort behov for arabisk arbeidskraft rundt omkring i landet. I mange generasjoner og i mange land hadde det vært forbudt for jøder å eie

---

7   Esekiel 36,8.

mark, og dermed var det vanskelig å finne jødisk arbeidskraft som hadde kunnskap om hvordan man skulle drive jordbruk. På denne tiden kunne bare to prosent av alle jøder i Palestina livnære seg av jordbruket. Så selv om immigrantene kanskje ville ha foretrukket å ansette jøder, var det ofte arabere som nøt godt av det voksende arbeidsmarkedet i de nye bosettingene.

Nå som levestandarden i Palestina vokste så det knaket, tok det ikke lang tid før landet passerte områdene rundt omkring Palestina. Det varte heller ikke lenge før arabere oppdaget at de kunne immigrere til og søke lykken i den voksende økonomien i Palestina. Mange av de araberne som hadde fått jobb i de nye jødiske landsbyene, var selv immigranter fra andre tyrkiske provinser. De kom fra det som i dag er Syria, Irak, Libanon, Jordan og Egypt. Samtidig var det ingen restriksjoner på hvor mange arabere som fikk komme til landet. Både tyrkerne og britene forsøkte å begrense den jødiske immigrasjonen ved å fastsette strenge kvoter, men det var ingen kvoter for den arabiske immigrasjonen. Snart var Palestina forvandlet fra å være et land for arabisk emigrasjon til et land for arabisk immigrasjon. Faktum er at det britiske Palestinamandatet var det eneste landområdet i Midtøsten der flere arabere immigrerte enn de som emigrerte. Det er blitt anslått at opptil 100 000 arabere immigrerte til Palestinamandatet mellom 1922 og 1942.[8]

---

8   *Israel Pocket Library: Society,* Jerusalem: Keter Books, 1974, side 182.

Det store flertallet arabere var fattige familier som ikke eide noe land. Mange av dem hadde nærmest vært slaver for de rike pengeutlånerne og markeierne, som påla dem alle slags skatter for det de klarte å produsere. Mange av disse streifet omkring fra plass til plass på jakt etter jobb, og nå fikk de høre nyhetene om at de jødiske nybyggerne tilbød dem mye bedre lønninger og arbeidsforhold enn det de rike arabiske markeierne gjorde.

Markeierne på sin side tjente grovt på at de solgte landområder til astronomiske priser til de jødiske nybyggerne. Samtidig var de redde for at araberne i regionen skulle bli altfor frigjorte slik at de mistet kontrollen over dem. Det var jo tross alt de fattige araberne som i mange år hadde skaffet dem den rikdommen de hadde. De jødiske immigrantene, som hadde sin kulturelle og religiøse bakgrunn i en bibel som forkynte at alle mennesker er skapt i Guds bilde, behandlet de arabiske arbeiderne sine på en helt annen måte enn det de arabiske markeierne hadde gjort.

Dette var selvfølgelig en trussel for de rike arabernes kontroll over de fattige massene. Hvis de fattige fikk et altfor nært og godt forhold til de jødiske nybyggerne, kunne det bety at de rike familiene etterhvert ville miste mye av den rikdommen og makten de hadde.

Så samtidig som de rike araberne tjente gode penger på å selge mark til jødene, egget de også de fattige araberne til rasistisk vold mot de jødiske nybyggerne. Det var her som noen av de første moderne frøene ble sådd til det som vi i dag kjenner som den arabisk-israelske konflikten.

De jødiske nybyggerne forsøkte etterhvert å begrense antallet arabiske ansatte, men allikevel var de fleste avhengige av arabiske arbeidere for å kunne fungere. I den første moderne jødiske jordbrukskolonien, Petah Tikva, var det således 2600 jødiske innbyggere og inntil 1700 arabiske arbeidere da første verdenskrig brøt ut.

På denne tiden fantes det arabere som mente at jødene ville utrette mye godt for landet. Dawood Barakat, som var redaktør for den egyptiske avisen *Al-Ahram*, skrev at det var nødvendig å få til en våpenhvile mellom jøder og arabere. «Sionistene er nødvendige for landet. De pengene de vil føre med seg, kunnskapen og intelligensen deres, og den fliden som kjennetegner dem vil uten tvil bidra til at landet blir gjenfødt,» skrev Barakat.[9]

Jøder har gjennom alle tider vært kjent som foregangspersoner innenfor medisin og sykepleie, og flere jøder har fått nobelprisen i medisin opp gjennom historien. Og da store skarer av relativt høyt utdannede jøder kom fra vest- og østeuropeiske land til Palestina, fikk landet et mye bedre helsevesen enn det som hadde vært tilfelle inntil da. I 1925 åpnet dessuten landets første universitet, Det hebraiske universitet, dørene, og lokalbefolkningen fikk tilgang på utdannelse og kunnskap som de tidligere ikke hadde kunnet drømme om, siden høyere utdannelse før 1925

---

9 Mitchell G. Bard, *Myths and Facts,* Chevy Chase, MD: AICE, 2002, side 11.

hadde vært langt utenfor den lokale befolkningens fatteevne.[10]

Resultatet var at de lokale araberne fikk mye bedre helse enn det de hadde vært vant til. I løpet av de 20 årene som gikk fra 1925 til 1945 gikk dødeligheten blant muslimske spedbarn ned fra 201 per ett tusen til 94 per ett tusen. Forventet levealder blant muslimene økte fra 37 år i 1926 til 49 år i 1943.

I araberlandene rundt omkring, der Storbritannia og Frankrike hadde kontrollen, kunne man ikke se noen dramatisk forbedring i lokalbefolkningens helse. I det britisk kontrollerte Egypt var dødsraten 33,7 per ett tusen innbyggere fra 1924 til 1926, og mellom 1939 til 1941 var den redusert til 30,3. Forventet levealder for menn vokste fra 31 til 34,2 mellom 1917 og 1927, men i samme periode falt den forventede levealderen for kvinner fra 36 til 31,5.

De arabiske innbyggerne nøt også godt av Palestinamandatets velferdssystem. Hele 70 prosent av mandatets budsjett var finansiert av jødiske skattebetalere, men araberne var mottagere av mer enn 80 prosent av de statlige velferdspengene. I tillegg fikk araberne også nyte fruktene av de jødiske veldedige organisasjonenes pengebruk. I 1934 brukte de britiske myndighetene 166 000 pund

---

10 Det hebraiske universitet har i dag et medisinsk fakultet i verdensklasse. Det medisinske fakultetet holder til i Hadassah-sykehuset i Ein Kerem i utkanten av Jerusalem, og her kan man den dag i dag se hvordan jødiske og arabiske leger jobber side ved side for å redde pasienter med både jødisk og arabisk blod.

på medisinske tjenester, mens Jewish Agency brukte 350 000 pund. Dette var penger som var samlet inn blant sionistiske jøder i Europa og Nord-Amerika. Mellom 1922 og 1925 brukte jødene 403 000 pund på å drenere sumpmarker og å rense landet for malaria, men de britiske myndighetene brukte kun 85 000 pund og det arabiske samfunnet ingenting.

På grunn av alle de velsignelsene som de jødiske immigrantene hadde med seg, vokste den arabiske befolkningen aller mest i de byene der jøder og arabere bodde side ved side. Fra 1922 til 1947 vokste antallet ikke-jøder i Haifa med 290 prosent, i Jaffa med 158 prosent og i Jerusalem med 131 prosent. I de rene arabiske byene kunne man bevitne en mye mer beskjeden arabisk befolkningsvekst. I Jenin vokste befolkningen med 78 prosent, i Nablus med 42 prosent og i Betlehem med 37 prosent.

Det var de araberne som bodde nærme jødene, som nøt de fleste fruktene av at jødene hadde kommet hjem til sitt eldgamle hjemland igjen.

Kapittel 2
Britene sår frøene til konflikten

På 1800-tallet levde jødene og araberne i Det hellige land stort sett i fred med hverandre. Det fantes selvfølgelig unntak til denne regelen. Iblant ble jødiske immigranter og jordbrukere angrepet av arabiske bander, men disse bandene hadde som regel verken nasjonalistiske eller religiøse mål med angrepene, men økonomiske mål.

Som vi allerede har sett i første kapittel, nøt de fleste arabiske innbyggerne godt av den jødiske immigrasjonen. Jøder ble ofte invitert til å besøke arabiske hjem og vise versa, og jødene etterapet både den arabiske klesstilen og maten.

Mange av de øverste arabiske lederne på slutten av det nittende og begynnelsen av det tjuende århundre betraktet de jødiske sionistene som sine nærmeste allierte. Emir Feisal, som senere ville bli utnevnt til konge av Irak, var på mange måter den øverste lederen i araberverden og det arabiske diplomatiet på denne tiden. Ved fredskonferansen i Paris i 1919 hadde Feisal en rekke møter med sionistenes øverste leder, Chaim Weizmann, og på slutten av konferansen undertegnet Feisal og Weizmann en avtale om hvordan araberne og

21

sionistene skulle hjelpe hverandre med å bygge opp de to respektive folkegruppenes stater.

Det er interessant at selv om den arabiske staten ikke ble nevnt ved navn i avtalen, ble den jødiske staten konsekvent kalt for Palestina. Partene uttalte også at de ville gjennomføre «nærmest mulig samarbeid i utviklingen av den arabiske staten og Palestina». Og i et brev til sionistlederen Felix Frankfurter skrev Feisal: «Vi arabere, og spesielt de utdannede blant oss, betrakter den sionistiske bevegelsen med den dypeste sympati ... Vi vil ønske jødene et hjertelig velkommen hjem ... Vi jobber sammen for et reformert og revidert Midtøsten, og våre to bevegelser kompletterer hverandre ... Det finnes plass i Syria til begge. Jeg tror faktisk at ingen kan lykkes uten den andre.»

Men et tiår før Feisal og Weizmann skrev under på denne avtalen, begynte de første tegnene på strid å dukke opp. De lokale araberne, som hadde levd et enkelt liv på landsbygda, ble fornærmet da de så hvordan noen av de første jødiske immigrantene oppførte seg i de kibbutzene som de grunnla. Mange av disse første immigrantene hadde radikale politiske og sosialistiske verdier. De la vekt på likhet mellom kjønnene, og de muslimske araberne, som hadde en viss moralsk standard, var sjokkerte over at de jødiske kvinnene på kibbutzene kledde seg meget uanstendig og oppførte seg deretter. Den europeiske kulturen hadde gjort sitt inntog i Palestina, og de lokale araberne likte ikke det de så.

Herskerne og diktatorene i araberlandene forsto dessuten at de jødiske immigrantene var og er en

22

trussel mot det luksuriøse livet som den arabiske overklassen levde. De jødene som hadde kommet til landet, ville bygge offentlige universiteter som skulle være åpne for alle innbyggere. Hvis de lokale araberne fikk adgang til jødiske universiteter, ville slike «trusler» som utdannelse, demokrati og menneskelige rettigheter spre seg som en farsott i de områdene der overklassen inntil nå hadde hatt kontrollen. Dette måtte stoppes for enhver pris.

Men på tross av disse problemene, er det lite trolig at urolighetene mellom de to folkegruppene ville ha utviklet seg til en regelrett konflikt hvis det ikke hadde vært for den rollen som britene spilte.

De britiske generalene Edmund Allenby, Arthur Wigram Money og Eric Bols var åpent fiendtlig innstilte mot sionismen. Både disse og andre britiske offiserer i Det nære østen hadde en visjon om et stort britisk imperium som ville strekke seg fra Middelhavet i vest til India i øst, og i dette imperiet var det ingen plass for en uavhengig jødisk stat. Offiserene visste at de aldri ville være i stand til å underkue de jødiske innbyggerne i en slik stat, men de kunne kontrollere en arabisk befolkning på samme måte som de kontrollerte innbyggerne i India og andre fattigere regioner i imperiet.

«Den arabiske «saken» i Palestina var en britisk ide. Den ble formet av og gitt retningslinjer av den britiske militære administrasjonen etter første verdenskrig. Når en del av de konfidensielle offisielle dokumentene fra den tiden er blitt offentliggjort i nyere tid, har det styrket den gamle mistanken om at det arabiske angrepet på sionisme ikke ville ha begynt hvis det ikke hadde vært for britisk inspirasjon, ynderskap og veiledning,» skrev historikeren Samuel Katz.[11]

Inntil mai 1920 publiserte ikke de britiske myndighetene i Palestina noen henvisning til Balfourdeklarasjonen, og de britiske offiserene var med på å legge grunnen for Den muslimsk-kristne foreningen, som var den første arabiske organisasjonen i Palestina etter første verdenskrig. Ved flere anledninger forsøkte de dessuten å torpedere samtaler mellom jødiske og arabiske ledere ettersom det som ble diskutert, ikke stemte overens med den britiske politikken.

I april 1922 ble jødiske og arabiske ledere enige om at jødene skulle gi sine arabiske naboer økonomisk og politisk hjelp, og i gjengjeld skulle araberne sette en stopper for all anti-sionistisk propaganda og opprette en felles kristen-muslimsk-jødisk kommisjon i Palestina. Weizmann godtok avtalen, men de britiske myndighetene ga ordre om at forhandlingene skulle opphøre øyeblikkelig. Britene nedla også forbud mot forhandlinger mellom Weizmann og den egyptiske nasjonalistiske lederen Saad Zaghlul Pasha, og mellom Weizmann og emir Abdullah i Transjordan.

Den britiske reaksjonen på arabisk vold var enda mer sjokkerende. Da arabere fra Hebron besøkte Jerusalem og lanserte antisemittiske pogromer i den hellige byen i april 1920, gjorde regjeringen lite eller ingenting for å sette en stopper for opprøret.

---

11 Samuel Katz, *Battleground: Fact and Fantasy in Palestine*, New York: Bantam Books, 1973, side 45.

24

Det er kanskje ikke så rart, siden flere historikere mener at det faktisk var den britiske etterretningen som hadde egget araberne til å ty til vold.[12] De arabiske opprørsmakerne var dessuten overbevist om at de britiske styresmaktene i Midtøsten var med dem. «Drep jødene» og «regjeringen er med oss» ropte de mens de svingte både køller og kniver mot den jødiske befolkningen utenfor Jaffaporten.

Da opprøret var over tre dager senere, arresterte britene både opprørsmakerne og de jødene som hadde våget å forsøke å forsvare den jødiske befolkningen. Haj Amin al-Husseini, som var en av de to øverste arabiske lederne som hadde egget skarene til kamp, flyktet fra landet og ble dømt til 10 års fengsel *in absentia*. Zeev Jabotinsky, som hadde organisert det jødiske forsvaret, ble derimot dømt til 15 års fengsel med hardt straffearbeid.

Året etterpå kom Husseini inn i varmen igjen da den britiske høykomissæren, sir Herbert Samuel, utnevnte opprørsmakeren til mufti i Jerusalem. Britene sørget med andre ord for at den mest ekstreme og mest antisemittiske arabiske lederen fikk en plattform og myndighet til å spre sin lære og sitt oppvigleri blant araberne i Palestina.

Det varte heller ikke lenge før britene begynte å amputere det landet de hadde lovt jødene i Balfourdeklarasjonen. Tre år etterpå ble en stor bit av Golan overført fra Palestinamandatet til den

---

12 Se f.eks. John Loftus og Mark Aarons, *The Secret War Against the Jews*, New York: St. Martin's Griffin, 1997, side 33, og Solomon Grayzel, *A History of the Jews*, New York: Mentor, 1968, side 619.

franske kolonien Syria. Og i 1922 innførte de et forbud mot at jødene kunne bosette seg i de områdene som utgjorde 78 prosent av Palestina øst for Jordanelven. Istedenfor at hele Palestina ville bli en jødisk stat, ville man nå dele området inn i en arabisk stat øst for Jordanelven, og en jødisk stat vest for Jordanelven. Den påtenkte arabiske staten fikk 78 prosent av landområdene i Palestina, mens den planlagte jødiske staten ble avspist med de resterende 22 prosentene.

Det var i løpet av disse første årene av det britiske mandatet som den politiske og juridiske presedensen for konflikten mellom jøder og arabere ble lagt. Arabiske antisemitter og mordere fikk bedre behandling enn de jødene som våget å forsvare seg mot antisemittismen, de arabiske ekstremistene ble opphøyet til viktige politiske stillinger, og vold mot jødene ble belønnet med store landområder.

Det utmerkede samarbeidet som hadde eksistert mellom Feisal og Weizmann, var nå dødt og begravet. Britenes politiske spill hadde sørget for at det tjuende århundre ville være et konfliktens århundre for araberne i Palestinamandatet.

Hvem bryr seg om araberne i Palestinamandatet? Britene favoriserte antisemittiske ekstremister og la grunnlaget for fiendtligheter mellom de lokale araberne og Guds folk. På grunn av britenes politiske spill mellom 1917 og 1948, har araberne i Palestina helt siden 1948 vært i krig med Guds planer for å velsigne hele verden gjennom jødenes hjemkomst til Israel.

26

Kapittel 3
Araberstatene skaper en katastrofe

D en 29. november 1947 stemte 33 nasjoner i Generalforsamlingen i Forente Nasjoner for å dele de resterende 22 prosentene av Palestina i ytterligere en arabisk stat og en jødisk stat.[13] Men allerede før avstemningen fant sted, forklarte representanter for araberstatene at opprettelsen av en jødisk stat i Midtøsten automatisk ville bety krig.

«Delingslinja vil ikke være noe annet enn en linje av ild og blod,» utbasunerte Den arabiske ligas leder Azzam Pasha. «Alle våre forsøk på å finne en fredelig løsning på palestinaproblemet, har slått feil. Den eneste måten vi har igjen er krig. Jeg vil ha fornøyelsen og æren av å redde Palestina,» sa Transjordans kong Abdullah.

Arabiske ledere ga også uttrykk for at de jødene som bodde i araberstatene, ville bli tvunget til å betale prisen for den jødiske staten. «Forente Nasjoner ... burde ikke ta blikket fra det faktum at den foreslåtte løsningen kan sette en million jøder som bor i de muslimske landene, i fare,» advarte

---

13 Den første delingen fant sted i 1922, da 78 prosent av Palestinamandatet ble adskilt for en arabisk stat, som fikk navnet Transjordan da den fikk sin uavhengighet i 1946.

27

den egyptiske delegaten Heykal Pasha i november
1947. «Hvis Forente Nasjoner bestemmer seg for å
dele Palestina, kan de ha ansvaret for meget
alvorlige uroligheter og for massakren på et stort
antall jøder.»[14]

Selv om Forente Nasjoner hadde planer på å
sende en kommisjon til Palestina for å sørge for at
delingsplanen ble gjennomført, slik at det ble
opprettet en jødisk og en arabisk stat i Palestina, var
både britene og araberne motstandere av en slik
kommisjon. «Mektige arabiske interesser, både i og
utenfor Palestina, trosser Generalforsamlingens
resolusjon og er opptatt av et overlagt forsøk på å
endre ved makt den løsningen som er framstilt der,»
var kommisjonens rapport til Sikkerhetsrådet.

De arabiske krigsplanene betydde at det snart
ville herske full krig i et land der det bodde mer enn
en million arabere. Og disse araberne var naturlig
nok engstelige for hva denne krigen kunne bety. Det
pågikk allerede en geriljakrig i landet, med
terroristangrep både til høyre og til venstre. Men
muligheten for at det ville utvikle seg en
konvensjonell krig mellom den jødiske staten på
den ene siden og minst fem arabiske stater på den
andre siden, var selvfølgelig mye mer skremmende
enn noen terroristangrep i hytt og pine. Den som
bestemte seg for å bruke makt, «måtte være klar

---

14 Yaakov Meron, «The Expulsion of the Jews from the Arab
Countries: The Palestinians' Attitude Towards It and Their
Claims,» i Malka Hillel Shulewitz, red., *The Forgotten
Millions: The Modern Jewish Exodus from Arab Lands*,
London: Continuum, 2000, side 84.

over – og var faktisk klar over – at det ville bli et flyktningproblem ... med jødiske flyktninger hvis araberne seiret, med arabiske flyktninger i motsatt tilfelle. Det var den arabiske siden som tok den skjebnesvangre beslutningen.»[15] Resultatet var at mange arabere pakket sekken og flyktet siden de ikke ville havne midt i skuddlinjen når de store kanonene begynte å fyre løs.

I løpet av de første ukene etter FNs resolusjon flyktet 75 000 arabere fra hjemmene sine.[16] Mange av disse tilhørte eliten, det vil si forretningsmenn, leger, advokater og lærere. Når de arabiske lederne i landet var borte, mistet mange av de gjenværende araberne motet, og hele samfunnet begynte å gå i oppløsning.

Samtidig gjorde de britiske myndighetene lite eller ingenting for å overtale den arabiske lokalbefolkningen til å bli værende i landet. Ja, faktum er at den britiske regjeringen ikke gjorde noen ting overhodet for å legge forholdene til rette for en ordnet maktovertagelse. Ifølge FNs delingsplan skulle britene hjelpe de lokale arabiske og jødiske myndighetene med å legge grunnlaget for den påtenkte arabiske og jødiske staten, men britene blåste en lang marsj i delingsplanen og lot de lokale innbyggerne seile sin egen sjø. London ville for all del ikke holde seg til en politikk som

---

15 Netanel Lorch, *Shield of Zion: The Israel Defense Forces*, sitert i Justus R. Weiner, *The Palestinian Refugees' «Right to Return» and the Peace Process*, Boston College International and Comparative Law Review, vol. XX, no. 1, vinteren 1997, side 25.
16 Ibid., side 22.

kunne føre til at araberstatene satte kroken på døra for oljeleveranser til Storbritannia.

Nesten alt det som britene foretok seg i løpet av denne perioden, var en garanti for at det ville bryte ut full krig mellom jøder og arabere. De hindret jødene å forsvare seg, de blokkerte de jødiske forsyningene til bosettinger i periferien, de åpnet opp landegrensene for de arabiske styrkene fra landene rundt omkring, de overleverte våpenlagre til araberne, og de fortsatte med å forsyne araberstatene med alle de våpen de bestilte. Den mektigste arabiske hæren på denne tiden, Den arabiske legion i Transjordan, sto til og med under ledelse av den britiske generalen sir John Bagot Glubb.

Fra november 1947 til april 1948 hadde minst hundre tusen arabere allerede flyktet fra slagmarken for den kommende krigen, selv om det ennå ikke fantes noen jødisk stat eller noen israelsk hær, og selv om en arabisk offiser innrømte at jødene «så langt ikke har angrepet en enkelt arabisk landsby hvis ikke de er blitt provosert til det».[17]

Samtidig begynte herskerne i araberlandene å oppfordre araberne i Palestina til å forlate hjemmene sine slik at de ikke ville være i veien for de arabiske hærene som skulle gå til angrep på den jødiske befolkningen. Den arabiske nasjonale komite i Jerusalem ga kvinner, barn og eldre ordre om å forlate hjemmene sine i Jerusalem: «Enhver motstand til denne ordren ... er et hinder for den

17 Aaron Klein, *The Late Great State of Israel,* Los Angeles: WND Books, 2009, side 112.

hellige krigen ... og vil hindre soldatenes operasjoner i disse distriktene.»[18] Tusenvis av arabere ble også beordret til å forlate Haifa, Beisan og andre byer og landsbyer. I Haifa bodde det opprinnelig 62 000 arabere, men etter at de fleste av dem forlot byen på grunn av arabernes krigerske retorikk, var det under 6000 igjen i byen.

«Sannheten er den at det er ikke nøyaktig å si at jødene gjorde oss til flyktninger,» skrev den tidligere Fatah-terroristen Tass Saada. «Vi forlot hjemmene våre fordi de arabiske regjeringene rådet oss til å gjøre det, for å gi rom for et felttog som de forsikret oss om at de ville vinne – men så gjorde de ikke det.»[19]

Resultatet var at det i løpet av noen få måneder ble skapt et arabisk flyktningproblem i Midtøsten på rundt 500 000 personer.[20] Men selv om dette er et fryktelig høyt tall, er det på ingen måte det verste flyktningproblemet i det tjuende århundre. Da det indiske subkontinentet ble inndelt i India og Pakistan i 1947, ble omtrent 14 millioner mennesker flyktninger. I 1971 ble rundt 10 millioner bangladeshere flyktninger. I det samme tiåret ble omtrent tre millioner mennesker flyktninger da

---

18 Mitchell G. Bard, *Myths and Facts*, side 130.
19 Tass Saada og Dean Merrill, *Once an Arafat Man,* Tyndale, 2008, side 196.
20 Det er usikkert nøyaktig hvor mange flyktninger det var. Ifølge flere FN-rapporter som ble sendt til FNs generalsekretær i 1948 var det totale antallet 472 000, og 360 000 av dem var i behov av nødhjelp. Samtidig finnes det andre kilder som hevder at det korrekte tallet var dobbelt så høyt.

kommunistene tok over makten i Vietnam, Kambodja og Laos.

De fleste flyktningproblemer er blitt løst i løpet av relativt kort tid. I dette lyset kunne man kanskje forvente seg at verden burde klare å løse det palestinaarabiske flyktningproblemet i en håndvending. Disse flyktningene var tross alt arabere, de snakket flytende arabisk, og det finnes *over tjue* selvstendige arabiske stater i Afrika og Asia der disse flyktningene kan smelte inn som hånd i hanske.

Mange av disse statene opplevde dessuten en økonomisk boom ettersom det sprutet olje opp fra sanden i alle kriker og kroker. Mange av araberstatene i Den persiske gulfen hadde et enormt behov for arbeidskraft, og hva ville vel være mer naturlig enn at disse flyktningene kunne begynne et nytt liv i et av disse landene? Disse araberstatene mottok mange millioner fremmedarbeidere fra Egypt og Yemen, fra Afrika, India, Pakistan og Sri Lanka, og til og med fra plasser så langt borte som Korea og Filippinene. Men selv om de sto med åpne armer for fremmedarbeidere fra Filippinene, var det relativt få palestinske arabere som fikk tillatelse til å komme og jobbe i disse landene.[21]

Mange arabiske flyktninger hadde dessuten slekt og venner i Egypt, Jordan, Syria, Irak og andre araberland, og noen av dem hadde faktisk immigrert til Palestina fra disse landene i løpet av de siste

---

21 På slutten av 1950-tallet hadde omtrent 50 000 palestinske arabere fått innreisetillatelse til Kuwait, men i de andre oljerike statene var det færre palestinske arabere.

tiårene. Samtidig fantes det mange tusen tomme hus og leiligheter etter at mange hundre tusen jøder hadde flyktet fra Irak, Yemen, Egypt og andre araberland i løpet av de første årene av Staten Israels eksistens. Her var det åpenbart at araberstatene hadde en glimrende mulighet til å finne nye boliger for de palestinaarabiske flyktningene, dersom de ønsket det.

En europeisk gruppe forskere fastslo på slutten av 1950-tallet at den eneste logiske løsningen på flyktningproblemet var å splitte flyktningene og bosette dem i araberstatene. «Uten det politiske aspektet, ville det arabiske flyktningproblemet vært det letteste å løse ved integrering,» uttalte dr. Alpen Ross, som var rådgiver for Kirkenes verdensråd, på en internasjonal konferanse i Geneve i 1957. «De arabiske flyktningene – i sin tro, språk, rase og sosiale organisasjon – er ikke noe annerledes enn de andre [araberne] i sine land.»[22]

Problemet var bare det at på tross av nederlaget i krigen i 1948, hadde ikke araberstatene gitt opp kampen mot den jødiske staten, og de ville bruke flyktningene som et våpen i denne «hellige krigen». Et PLO-dokument om flyktningene forklarte dette spørsmålet på denne måten: «For å kunne holde flyktningespørsmålet i live og forhindre Israel fra å unnfly ansvar for deres tilstand, har araberland – med Jordan som unntak – vanligvis forsøkt å bevare

22 Avi Beker, «Perpetuating the Tragedy: The United Nations and the Palestinian Refugees», i Malka Hillel Shulewitz, red., *The Forgotten Millions: The Modern Jewish Exodus from Arab Lands*, London: Continuum, 2000, side 146.

en palestinsk identitet ved å holde fast ved palestinernes status som flyktninger.»[23]

Med andre ord: Det som PLO sier her, er at araberne ganske enkelt ikke ønsker å løse det palestinske flyktningproblemet, fordi en løsning på dette problemet ville bety at de ikke kunne legge ansvaret på Israel lenger. PLO ville at flyktningene skulle fortsette å lide slik at de kunne brukes som et våpen mot Israel.

«Spørsmålet om flyktninger ble behandlet av araberne helt fra begynnelsen av som et instrument til å oppnå gjennom diplomatiet det som de ikke hadde klart å gjennomføre på slagmarken i 1948-1949 og i de senere våpenhvileavtalene.»[24]

På en konferanse i Syria i juli 1957 vedtok delegatene en resolusjon der de slo fast at flyktningene hadde «rett» til å tilintetgjøre Israel: «Enhver diskusjon som er rettet mot en løsning på det palestinske problemet som ikke er basert på å sikre flyktningenes rett til å tilintetgjøre Israel, vil bli betraktet som en vanhelligelse av det arabiske folket og en forrædersk handling.»[25]

Så da FN i 1950 grunnla FNs høykommissær for flyktninger (UNHCR), fikk denne organisasjonen ansvaret for alle flyktninger over hele verden *bortsett fra de palestinaarabiske flyktningene!* FNs

---

23 Aaron Klein, *The Late Great State of Israel*, side 114.
24 Avi Beker, «Perpetuating the Tragedy: The United Nations and the Palestinian Refugees», side 144.
25 Justus R. Weiner, *The Palestinian Refugees' «Right to Return» and the Peace Process*, Boston College International and Comparative Law Review, vol. XX, no. 1, vinteren 1997, side 31.

hjelpeorganisasjon for palestinske flyktninger i Midtøsten (UNRWA) skulle ene og alene ta hånd om de palestinaarabiske flyktningene. Årsaken til at det var UNRWA og ikke UNHCR som skulle ta hånd om de palestinske araberne, var på grunn av press fra araberstatene.

Resultatet er at de palestinaarabiske flyktningene er det eneste flyktningproblemet i verden der det er blitt *flere* og ikke færre flyktninger siden problemet oppsto![26] Det som opprinnelig sannsynligvis var mindre enn en halv million flyktninger, er nå i det tjueførste århundre blitt til 4,25 millioner flyktninger. De bor eller er registrert i 59 forskjellige flyktningleire i Jerusalem, Judea, Samaria, Gazastripen, Jordan, Syria og Libanon.

Disse flyktningeleirene er som regel nedslitte bydeler der befolkningen bor i to- og tre-etasjers blokker. Flyktningene i leirene blir foret med propaganda som har til hensikt å sikre at de aldri vil være interessert i å leve i fred med jødene. Leirene er strukturert som et drivhus for bitterhet. Gatene i flyktningleirene er ofte oppkalt etter arabiske landsbyer som en gang eksisterte i Israel. Flyktningene blir registrert med en kode som

---

26 Det hevdes noen ganger at ytterligere 250 000 palestinske arabere eller mer ble flyktninger som et resultat av Seksdagerskrigen i 1967. Dette er imidlertid en feilaktig framstilling av situasjonen. For det første flyttet de fleste av disse palestinske araberne innenfor Det hasjemittiske kongeriket Jordan, noe som betyr at de kalles for «tvangsforflyttede personer» og ikke flyktninger. Dessuten var mange av disse allerede inkludert i statistikken over flyktninger fra 1948.

minner dem om hvilken by eller landsby forfedrene bodde i før 1948. Skoleelever blir bedt om å fylle ut informasjon om sin «hjemby» – en plass som de selv aldri har sett men der besteforeldrene eller oldeforeldrene deres bodde i minst to år før 1948.[27]

Samtidig har FN forsøkt å gjøre alt de kan for at flyktningproblemet ikke skal bli løst og at flyktningene skal forbli flyktninger. Det opprinnelige mandatet til UNRWA var humanitært, men organisasjonen har etterhvert blitt en politisk maktfaktor i den arabisk-israelske konflikten. UNRWA har også ignorert ekspertenes råd om hvordan man burde løse flyktningproblemet.

I 1949 foreslo Sikkerhetsrådet at man burde foreta en økonomisk granskning for å finne permanente boliger for flyktningene i forskjellige deler av Midtøsten, men araberne nektet å gå med på dette initiativet. De reagerte med sinne da FNs generalsekretær Dag Hammarskjöld i juni 1959 la fram en plan for å rehabilitere flyktningene.[28]

I 1985 bygde Israel 1300 permanente hjem for flyktninger i nærheten av Nablus etter at en katolsk hjelpeorganisasjon hadde samlet inn penger, men da Israel forsøkte å flytte familier inn i disse boligene, vedtok Generalforsamlingen resolusjon 40/165 som forbød Israel fra å flytte flyktningene ut av flyktningeleirene. Generalforsamlingen uttalte at de

---

27 Noen ganger kan det hende at besteforeldrene eller oldeforeldrene faktisk kun bodde i «hjembyen» i to år, siden alle arabere som immigrerte til Palestinamandatet før juni 1946 ble registrert som flyktninger.

28 Avi Beker, «Perpetuating the Tragedy: The United Nations and the Palestinian Refugees», side 145.

var «forskrekket over Israels planer på å fjerne og flytte de palestinske flyktningene på Vestbredden og å ødelegge leirene deres».

I 1958 var UNRWAs tidligere direktør, Ralph Galloway, så opprørt over araberstatenes holdning at han erklærte: «Araberstatene vil ikke løse flyktningproblemet. De vil beholde det som et åpent sår, som en fornærmelse mot Forente Nasjoner, og som et våpen mot Israel. Arabiske ledere gir blaffen i om arabiske flyktninger lever eller dør.»[29]

Israel har også forsøkt å bidra til en løsning på problemet ved å tillate at palestinske arabere får immigrere til Israel eller de områdene som siden midten av 1990-tallet har vært styrt av de palestinske selvstyremyndighetene. Helt siden 1967, da Israel åpnet broene til Jordan slik at arabere kunne krysse elven begge veier for å besøke slekt og venner, har mange palestinere kommet på besøk og valgt å bli i landet etter at visumet gikk ut. For mange av disse har det kanskje vært umulig å vende tilbake til det forrige hjemmet i land som Libya eller Kuwait. I løpet av de første par årene etter at de palestinske selvstyremyndighetene tok over kontrollen over flere arabiske byer, fikk over 84 000 palestinske arabere oppholdstillatelse, inkludert 15 000 som hadde blitt værende i området etter at visumet var gått ut. Flere hundre av disse var personer som opprinnelig var bitt utvist fra territoriene på grunn av terrorisme, men som fikk tillatelse til å komme tilbake og som fikk jobb som

---

29 Justus R. Weiner, *The Palestinian Refugees' «Right to Return» and the Peace Process*, side 32.

politifolk eller tjenestemenn for de palestinske selvstyremyndighetene.[30]

Samtidig lar UNRWA flyktningene få bo i leilighetene i leirene uten å betale husleie, noe som betyr at mange arabere foretrekker å bo i flyktningleirene selv om de egentlig ikke er flyktninger. I de fleste leilighetene er det innlagt elektrisitet, varmt og kaldt vann, telefon og moderne hjelpemidler som kjøleskap og komfyrer. Noen av leilighetene er i dag nesten som luksusboliger å regne. UNRWA har over 24 000 ansatte, og nesten alle disse er selv flyktninger. Mange av dem er agenter for Hamas.[31]

Flyktningleirene er dessuten blitt et senter for den palestinske «hellige krigen» mot Israel. Etter at skarer av sivile israelere ble offer for palestinske selvmordsbombere i begynnelsen av det tjueførste århundre, lanserte det israelske forsvaret «Operasjon forsvarsskjold» for å slå ned på terroristene. I flyktningeleirene fant de israelske soldatene små våpenfabrikker, laboratorier der det ble produsert sprengstoff og fabrikker der det ble produsert Kassam-2 raketter. Hjemme hos UNRWAs arbeidere fant de plakater med bilder av selvmordsterrorister, og terrorister gjemte seg inne på UNRWAs skoler. Og terroristen Alaa Muhammad Ali Hassan fra Tanzim innrømte at de hadde produsert bomber på UNRWAs skole i

---

30 Ibid., side 11.
31 Arlene Kushner, *The United Nations Relief and Works Agency for Palestinian Refugees in the Near East*, Jerusalem: Center for Near East Policy Research.

flyktningeleiren al-Ayn i nærheten av Nablus.[32] Og da Hamas-aktivisten Nidal Abd al-Fattah Abdallah Nazzal var ansatt som ambulansesjåfør for UNRWA, transporterte han våpen og sprengstoff i ambulansen.[33]

Dette er noe som har pågått i lang tid. Da PLO hadde sitt hovedkvarter i Libanon på slutten av 1970- og begynnelsen av 1980-tallet, fikk de kontroll over flere flyktningleire som de brukte som baser for å trene terrorister. PLO innførte tunge våpen inn i leirene og tok over kontrollen over UNRWA sine kontorer. På denne tiden var dette en «åpen hemmelighet» som alle kunne se med sine egne øyne når man besøkte leirene. Dette betydde også at PLO fikk kontroll over en stor del av UNRWA sitt budsjett, som på denne tiden var på rundt 200 millioner dollar i året. Etter at Israel kastet PLO ut fra landet i Operasjon fred for Galilea i 1982, slapp UNRWA en rapport der de forklarte at en av organisasjonens «utdanningsinstitusjoner» i Sibliun i nærheten av Beirut, egentlig hadde vært en base der PLO trente sine terrorister.[34]

Det er dessuten interessant å legge merke til at selv om det var araberstatene som forårsaket flyktningproblemet med sin antisionistiske politikk i 1947 og 1948, og selv om det er de som har gjort størst motstand mot å finne en løsning på problemet, er det ikke de som har betalt FNs

---

32 Ibid.
33 Aaron Klein, *The Late Great State of Israel*, side 123.
34 Avi Beker, «Perpetuating the Tragedy: The United Nations and the Palestinian Refugees», side 147-148.

kostnader i flyktningleirene. USA har vært den største bidragsyteren med 30 prosent av UNRWA sine inntekter. Norden, Canada og Nederland har også stått for en stor del av kaka, mens araberstatene nesten ikke har bidratt med noe. I 2000 bidro de oljerike araberstatene i Gulfen, Saudi Arabia og Kuwait med noe over to prosent, mens Egypt, Syria og Irak ikke ga et rødt øre.[35]

Den 15. mai hvert år har de palestinske araberne en minnedag som de kaller for «nakba-dagen». *Nakba* er et arabisk ord som betyr «katastrofe», og denne dagen minnes de palestinske araberne den katastrofen som skjedde da flere hundre tusen arabere ble flyktninger på våren 1948. Dette var en katastrofe som aldri ville ha skjedd dersom araberstatene hadde fulgt FNs delingsplan. De hadde en mulighet til å opprette en arabisk stat, som kunne ha levd i fred og fordragelighet sammen med den jødiske staten.

Hvem bryr seg om de palestinske flyktningene? Araberstatene skapte en katastrofe for de palestinske araberne, og med det politiske spillet som har foregått i FN og de arabiske hovedstedene, har katastrofen bare forverret seg de siste 60 årene.

---

35 Arlene Kushner, *The United Nations Relief and Works Agency for Palestinian Refugees in the Near East.*

Kapittel 4
De israelske araberne

Mindre enn en mil vest for Jerusalem, omtrent midt i Judeafjellene, på cirka 650 meters høyde over havet, ligger den koselige arabiske landsbyen Abu Ghosh. På Bibelens tid lå landsbyen Kirjat-Jearim her, og det var her som arken ble oppbevart før David brakte den til Jerusalem. Ifølge en kristen tradisjon var det også her som Emmaus lå, der Jesus viste seg for to disipler etter at han hadde stått opp fra de døde.

Under krigen i 1948 nektet araberne i Abu Ghosh å delta i krigen mot Israel. Resultatet var at Abu Ghosh ble spart for krigens grusomheter, at araberne i landsbyen beholdt freden med sine jødiske naboer, og at araberne i landsbyen fikk israelsk statsborgerskap når krigen var over.

I Abu Ghosh bor det i dag over 6000 israelske arabere, og disse araberne har de samme juridiske og sivile rettigheter som israelske jøder. Araberne i Abu Ghosh kan stemme i lokale valg på borgermester for sin egen by, de kan stemme i nasjonale valg til Knesset[36], de bærer israelske pass

---

36 Faktum er at Israel er et av de få landene i Midtøsten der arabiske kvinner har rett til å stemme og stille til valg.

41

og identitetspapirer, de har rett til å stille til valg for det partiet de ønsker å tilhøre, de har full ytringsfrihet og kan stå fritt frem og kritisere Israels regjering dersom de ønsker det, og de har full bevegelsesfrihet innenfor Israels grenser. Dette betyr blant annet at de kan flytte til og bosette seg i Jerusalem eller Tel Aviv dersom de ønsker det. Rent juridisk har de også anledning til å reise til de israelske «bosettingene» i Judea og Samaria når de ønsker det, og de kan kjøre på de veiene som er bygd for israelske «bosettere» i Judea og Samaria.

Kort sagt har de rett til å gjøre alt det som en israelsk jøde har rett til. Den eneste juridiske forskjellen mellom de israelske jødene og de israelske araberne, er at jødene er nødt til å gjøre militærtjeneste eller «nasjonal tjeneste», som er en slags siviltjeneste, mens araberne er fritatt for dette.

Ja, de israelske araberne er blitt så integrert i det israelske samfunnet at arabisk faktisk er et av de to offisielle språkene i Israel. Det betyr blant annet at man kan finne arabisk skrift på israelske mynter og sedler, og de fleste veiskilt er skrevet både på hebraisk og på arabisk, i tillegg til engelsk.

Når man besøker Abu Ghosh som turist i dag, kan man se et skoleeksempel på at det finnes håp om fred i Israel. De fleste innbyggerne i Abu Ghosh er arabere, selv om det også bor noen få jøder der. Men selv om det bare er et fåtall jødiske innbyggere i byen, tjener landsbyen fett på jødiske turister som kommer til Abu Ghosh for å spise og drikke noe av den beste arabiske maten man kan få servert i landet.

På sabbaten, når de fleste restauranter i Jerusalem er stengt, er jødene i hovedstaden mer eller mindre nødt til å besøke arabiske restauranter hvis de ikke vil lage middag på sitt eget kjøkken. Israelerne vet dessuten at det ikke er trygt å besøke flere av de store arabiske byene i nærheten av Jerusalem, som blant annet Betlehem og Ramallah, men i Abu Ghosh kan de føle seg like trygge som i de jødiske bydelene i Jerusalem. Når man så tilføyer at araberne i Abu Ghosh serverer den beste hjemmelagde hummus[37] og annen arabisk snask man kan tenke seg, er det en selvfølge at man reiser til Abu Ghosh for å spise på fredag kveld og lørdag. Disse dagene kryr det av jødiske matgjester på restaurantene i byen. Noen av restaurantene er til og med eid av jødiske forretningsmenn, som skaffer arbeidsplasser for lokale arabere.

På grunn av den friheten som araberne i Abu Ghosh har, og på grunn av den inntekten som de får fra jødene i Jerusalem, har de en inntekt og levestandard som kan måle seg med mange vestlige land. Dette er en av grunnene til at den israelske arabiske befolkningen har vokst så kolossalt. Fra 1948 til 1971 vokste antallet israelske arabere fra 156 000 til 458 000. Omtrent 6000 arabere emigrerte fra landet i denne perioden, mens 40 000 arabere fikk tillatelse til å *immigrere* til Israel.

---

37 Hummus er en arabisk salat som lages ved at man koker og knuser kikerter, og deretter blandes kikertene med tahini, olivenolje, sitronsaft, salt og hvitløk. Hummus brukes ofte som en slags tjukk saus eller dip sammen med kjøtt og grønnsaker.

De har også en helt unik frihet til å besøke vesteuropeiske og andre land dersom de vil det. De israelske araberne bærer israelske pass, og dermed trenger de ikke å søke om visum hvis de skal reise til et av de landene som ikke krever visum fra israelere. Dette betyr blant annet at de i skrivende stund kan reise fritt til alle land i EU og Schengen, til Russland, og dessuten til en lang rekke søramerikanske og asiatiske land.

Araberne i landene rundt omkring er i en helt annen situasjon. Hvis du er statsborger i Libanon, Syria, Jordan eller Egypt, er det store begrensninger på hvilke land du kan besøke uten å søke om visum. Og dersom det blir opprettet en palestinsk stat, vil statsborgerne der få omtrent samme problemer som innbyggerne i alle de arabiske nabolandene har.

Men selv om de israelske araberne har alle rettigheter i dag, har de ikke alltid hatt fullkommen frihet. I løpet av de første årene etter at Staten Israel ble opprettet, ble araberne i landet underlagt en unntakstilstand, men denne ble gradvis opphevet, og i 1966 ble de siste restene av unntakstilstanden fjernet. Siden den gang har de israelske araberne hatt full frihet innenfor Israels grenser.

I løpet av de siste 30 årene har de israelske araberne dessuten blitt mer og mer aktive innenfor den israelske politikken. De har dannet sine egne politiske partier, og selv om ingen israelsk regjering har hatt noe arabisk parti med i koalisjonen, har araberne vært i stand til å påvirke viktige israelske beslutninger siden de ofte ligger «på vippen» i

44

Knesset. Da Knesset vedtok Prinsipperklæringen[38] i 1993, ble avtalen faktisk godkjent fordi fem arabiske representanter hadde stemt for avtalen. Mindre enn halvparten av jødene i Knesset hadde stemt for avtalen.

Araberne i Abu Ghosh er ikke de eneste som nyter av alle disse godene. Druserne[39] på Karmelfjellet og i Galilea har også de samme fordelene som de israelske araberne i Abu Ghosh har. På Karmelfjellet ligger det en stor drusisk by som har fått navnet Carmel City. Navnet ble til da to mindre byer, ved navn Isfiya og Daliyat el-Karmil, vokste sammen og ble slått sammen. Også her er det fullt av israelske jøder på handletur på sabbaten, for her kan man finne mye mer interessante butikker og bedre priser enn det man finner på de moderne israelske kjøpesenterne.

Den store forskjellen mellom de israelske araberne og druserne er at druserne gjør militærtjeneste i den israelske hæren, og mange drusere har utmerket seg og fått medalje fordi de har vist tapperhet i tjenesten. Selv om druserne er en liten minoritet i Israel, er de allikevel mer integrert i

---

38 Prinsipperklæringen var den avtalen som Israels statsminister Yitzhak Rabin og PLOs leder Yasser Arafat undertegnet i Washington i september 1993, og som la grunnlaget for fredsprosessen mellom Israel og palestinerne.

39 Druserne er en arabisktalende folkegruppe som holder til i diverse byer og landsbyer i Syria, Libanon, Israel og Jordan. Den drusiske religionen er en avstikker fra islam med innflytelse fra kristendommen, hinduismen og gresk filosofi.

det israelske dagliglivet enn de fleste israelske arabere er, og de har et utmerket forhold til sine jødiske landsmenn.

Flere drusere har dessuten vært aktive politikere i Israels sionistiske partier. Den mest kjente av dem er kanskje Ayoob Kara. Han er major i det israelske forsvaret, og han har vært Knesset-representant for Likud i cirka 11 år. Da Benjamin Netanyahu ble utnevnt til statsminister i 2009, ble Kara utnevnt til viseminister for utvikling av Negev og Galilea.

Da tidligere statsminister Ariel Sharon bestemte seg for å kaste ut opptil 10 000 jødiske innbyggere fra Gazastripen og Samaria i 2005, var druseren Kara en av dem som forsøkte å sette en stopper for planene, ettersom han forsto at en tilbaketrekning fra Gaza ville bety at Hamas ville få kontrollen og bruke landområdene til å angripe Israel.

Her er det kanskje verdt å merke seg at Likud helt åpenlyst kaller seg for et sionistisk parti. Denne araberen sitter altså som Knesset-representant for et sionistisk parti i Israel, og han er en av de mest sionistiske av det partiets representanter!

Og Ayoob Kara er ikke den eneste araberen som har vært politisk aktiv i sionistiske kretser. I 1995 ble muslimen Ali Yahya utnevnt til den første israelske arabiske ambassadøren. Han ble sendt til Finland, og senere har andre arabere, beduiner og drusere vært både ambassadører og konsuler for Israel i Hellas, Vietnam, Ecuador og USA. Siden 1999 har dessuten flere arabere vært utnevnt til statsrådsposter eller som viseministre i den israelske regjeringen.

Men selv om de israelske araberne har de samme rettigheter som de israelske jødene har, finnes det allikevel problemer. Abu Ghosh og Carmel City er to eksempler på at jøder og arabere kan leve i fred innenfor Israels grenser, men det finnes også arabiske byer der befolkningen er sterkt misfornøyd med det israelske styret. Umm el-Fahm er et godt eksempel på dette. Selv om innbyggerne i Umm el-Fahm rent juridisk sett har nøyaktig de samme rettigheter som araberne i Abu Ghosh, eller jødene i Tel Aviv for den sakens skyld, er det i praksis mye større avstand mellom dem og de jødiske innbyggerne i landet.

Umm el-Fahm blir betraktet som et senter for islamistisk aktivitet innenfor Staten Israels grenser, og det var en av de første kommunene som ble styrt av en islamistisk bevegelse.

Med nærmere 50 000 innbyggere er Umm el-Fahm den største muslimske byen i Israel, og innbyggerne her har flere ganger tørnet sammen med det israelske politiet i slåsskamper og opptøyer. Siden byen ligger i nærheten av Jenin, som i mange år var terroristenes «hovedstad» i Samaria, har mange palestinske terrorister kommet fra Jenin gjennom Umm el-Fahm. Israelere er dermed generelt sett nervøse og redde for at innbyggerne i Umm el-Fahm kan være en femtekolonne innenfor Israels grenser, og det å lete etter jødiske turister i butikkene og restaurantene i Umm el-Fahm, er som å lete etter ei nål i en høystakk.

Men selv om de israelske araberne og druserne har alle de samme rettighetene som jødene har på

47

papiret, vil du ofte finne at de klager på at den israelske regjeringen diskriminerer mot dem på mange forskjellige måter.

De israelske araberne klager ofte på at regjeringen ikke gir dem penger til å oppgradere og vedlikeholde kloakksystemet, gatene, skolene og andre lignende prosjekter. Og det er definitivt sant at når man reiser rundt omkring i Israel, så vil du finne at de jødiske byene er i mye bedre stand enn de arabiske byene. Det er en enorm forskjell på standarden i den ultramoderne jødiske byen Modiin, som ligger midt mellom Jerusalem og Tel Aviv, og den arabiske byen Tamra et par mil nordøst for Haifa. I Tamra ville ingen drømme om å kaste toalettpapir i toalettet, da de vet hvilken katastrofe en slik uansvarlig handling vil føre til. Men i Modiin, som ble planlagt ned i minste detalj før det første spadetaket ble satt, er det ingen som bekymrer seg for om kloakksystemet vil fungere.

Det er derimot forskjellige forklaringer på hvorfor de jødiske byene ser så mye bedre ut enn de arabiske byene. Araberne vil ofte hevde at det er på grunn av diskriminering, men årsaken har også å gjøre med at de arabiske kommunene ikke har like høye skatteinntekter som de jødiske byene har. I mange land verden over kan man se hvordan jødene er flinkere enn de fleste andre innbyggerne til å starte firmaer, tjene penger og skaffe myndighetene høye skatteinntekter, og det er også tilfelle i Israel. Dermed har de jødiske byene i gjennomsnitt høyere skatteinntekter enn de arabiske byene.

Men til og med i de arabiske byene, der befolkningen står opp og kritiserer den israelske regjeringen, vil du oppdage at så godt som alle heller vil bo i Israel enn i en palestinsk stat.

I september 2004 intervjuet jeg en arabisk handelsmann som eide en butikk i Gamlebyen i Jerusalem der man kunne få kjøpt alskens muslimske, kristne og jødiske suvenirer. Den arabiske butikkeieren var muslim[40], og han hadde ingen motforestillinger mot å beskylde «de jødiske bosetterne», som han kalte dem, for alle ulykker som hadde rammet ham og virksomheten hans. Det var «de jødiske bosetterne» som hadde skylden for at virksomheten hans gikk dårlig og at han nesten ikke hadde kunder i butikken sin.

Her er det kanskje på sin plass å bemerke at fire år før dette intervjuet hadde turismen i Israel kollapset som en følge av den terrorkrigen som Hamas, Fatah og andre palestinske terrorister drev mot Israel etter at Yasser Arafat hadde forkastet Israels tilbud om en palestinsk stat i forhandlingene ved Camp David i juli 2000. Man kan dermed stille seg spørsmålet om det virkelig var «de jødiske bosetterne», eller om det var de palestinske terroristene, som hadde skremt vekk alle kundene fra de arabiske markedene i Jerusalem.

Men midt i denne arabiske handelsmannens høylytte tirade og kritikk mot Israel og «de jødiske bosetterne», spurte jeg om han heller ville bo i en

---

40 Jeg spurte ikke den arabiske butikkeieren om han var israelsk statsborger eller ikke, men det spiller egentlig ingen rolle for det spørsmålet som vi her behandler.

palestinsk stat med Yasser Arafat som president. Da fikk jeg et kort og konsist svar tilbake: «Nei, da er det bedre å bo under den israelske okkupasjonen.»

Den arabiske handelsmannens svar er et godt eksempel på hva de fleste israelske arabere føler. De vet godt at Yasser Arafat, som forøvrig døde noen måneder etter det nevnte intervjuet, hans etterfølger Mahmoud Abbas og hele klanen av Fatah-terrorister er noen av de mest korrupte politikerne som finnes i verden i dag. I løpet av de 20 årene som har gått siden Oslo-prosessen begynte i 1993, har de ruinert de palestinske byene og landsbyene der de har fått kontrollen,[41] og ingen israelske arabere vil leve under et slikt styre.

Hamas er heller ikke særlig populære blant de fleste israelske arabere. De vet visstnok at Hamas er mindre korrupte enn Fatah. Hvis Hamas hadde fått makten i den palestinske staten, ville en større andel av pengene ha havnet hos befolkningen. Men samtidig vet de at Hamas ville betydd slutten på den personlige friheten som de har under «den israelske okkupasjonen».

Nettopp derfor reagerer de israelske araberne voldsomt mot alle planer på å påtvinge dem et palestinsk styre. Den tidligere israelske utenriksministeren Avigdor Liberman var leder for et parti ved navn Jisrael Beiteinu som foreslo at Israel og en påtenkt palestinsk stat burde «bytte land» slik at Israel kunne beholde de største blokkene av bosettinger i Judea og Samaria, og i gjengjeld kunne den palestinske staten få kontrollen

41 Se kapittel 9 for mer informasjon om dette.

over Umm el-Fahm og flere arabiske landsbyer i den såkalte «triangelen». Men da Jisrael Beiteinu lanserte dette forslaget, reagerte innbyggerne i Umm el-Fahm med vantro og sinne. Yunis Jabareen, en tidligere viseborgermester i byen, svarte på Liebermans plan med: «Dette er en spøk. Vi er statsborgere i dette landet.»[42][43]

De israelske arabernes liv har definitivt ikke vært noen dans på roser, men de har hatt mye større frihet på mange områder enn det de fleste andre arabere har hatt. Det er ironisk at hvis en araber som bor i Syria, reiser seg opp og kritiserer den syriske regjeringen og president Bashar al-Assad, er det stor fare for at mannen med ljåen kommer og banker på døra.[44] Men hvis en araber i Israel står opp og hudfletter den israelske statsministeren, er det ingen som trekker på skuldrene engang.

De israelske araberne vil noen gang klage over at de bor i et land med et stort jødisk symbol i flagget,

---

42 Dina Kraft, «Violent clashes in Arab-Israeli town after far-Right march», The Telegraph, 29.mars 2009, http://www.telegraph.co.uk/news/worldnews/middleeast/israel/5042886/Violent-clashes-in-Arab-Israeli-town-after-far-Right-march.html

43 I slutten av 2007 utførte den arabiske avisen *Al-Sennara* en meningsmåling der de spurte 450 israelske arabere i Galilea, Negev og triangelen om de støttet tanken på å overføre triangelen til en palestinsk stat, og kun 18 prosent av de spurte var positive til dette.

44 De fleste kapitlene i denne boka ble opprinnelig skrevet i 2010, lenge før den arabiske våren startet. Det som er skjedd i bl.a. Syria og Egypt siden våren 2011, er et klart bevis på at arabere ikke kan forvente seg at arabiske regjeringer vil respektere deres menneskerettigheter.

at landets offisielle symbol er den sjuarmede lysestaken fra det jødiske templet, og at landets nasjonalsang handler om jødenes håp om å få være frie i sitt eldgamle hjemland. Men de israelske araberne er tross alt i nøyaktig samme båt som mange andre mennesker over hele verden er. I Norge har vi et kristent symbol i flagget vårt, vi har en nasjonalsang som er bygd på den kristne troen, og allikevel klarer mange samer, jøder og personer fra andre religioner å leve i Norge som gode statsborgere. I mange andre land verden over kan man se det samme fenomenet, både i kristne, muslimske, buddhistiske og andre land.

Araberne har det bedre i Israel enn i de fleste andre araberland. Og de araberne som er mest positive til Israel og som lever nærmest jødene, er de som nyter mest av det israelske statsborgerskapet de har fått.

Hvem bryr seg om de israelske araberne? Selv om Israel på ingen måte er et perfekt land, og selv om man bør ta på alvor alle anklager om diskriminering, er det ingen tvil om at de israelske araberne i bunn og grunn har et mye bedre liv enn den generelle arabiske befolkningen i Israels naboland. Hvis jødene aldri hadde vendt tilbake til forfedrenes hjemland, og hvis den jødiske staten aldri var blitt opprettet, ville disse araberne antagelig ha vært underkuede bønder på landsbygda i den sørlige delen av diktatorstaten Syria. De israelske araberne har sannelig nytt godt av sionismens frukter.

Kapittel 5
Jordan og Egypt okkuperer land

I kapittel tre så vi hvordan araberstatene skapte en massiv flyktningkatastrofe da de gikk til krig mot Israel og oppfordret de lokale araberne i landet til å flykte fra hjemmene sine. Men araberlandene nøyde seg ikke med det.

Et resultat av krigen i 1948, var at Det hasjemittiske kongeriket Transjordan okkuperte Judea og Samaria, endret navnet på området til «Vestbredden» for å rettferdiggjøre sin okkupasjon, og samtidig endret de likegodt navnet på hele landet til «Det hasjemittiske kongeriket Jordan» eller bare «Jordan». Egypt fikk *de facto* kontroll over Gazastripen.

Mangelen på menneskelige rettigheter i araberstatene er beryktet, og det er ingen stor hemmelighet at de opp gjennom årene ofte har behandlet minoritetsgrupper relativt dårlig. Dermed bør det ikke komme som noen overraskelse at de palestinske araberne ofte ikke fikk noe godt liv i de araberstatene de flyktet til.

I mange araberland rundt omkring Israel kan sikkerhetsstyrkene arrestere og torturere personer uten bevis eller rettssak. Fanger kan bli tvunget til å sitte innesperret i mange år i uhygieniske fengsler. Man slår ofte hardt ned på dem som våger å kritisere kongen eller presidenten.

Kvinner har som regel svakere juridisk beskyttelse enn menn. I Saudi Arabia er det forbudt for kvinner å reise eller bli innlagt på sykehus uten mannens tillatelse, og det er helt forbudt for kvinner å kjøre bil. I Jordan har ektemenn juridisk rett til å voldta konene sine. I Egypt er en av tre gifte kvinner blitt banket opp av ektemennene sine.

I noen ekstreme tilfeller har de arabiske diktatorene gått til enda mer drastiske virkemidler. Den syriske diktatoren Hafez Assad massakrerte over 30 000 blant sin egen befolkning i 1982 for å slå ned et opprør fra Det muslimske brorskapet. Saddam Hussein drepte flere tusen kurdiske irakere med kjemiske våpen i mars 1988. Og i den yemenittiske borgerkrigen på 1960-tallet ble cirka 1500 mennesker drept av egyptiske gassbomber. Mellom 1840 og 2008 er det anslått at nesten 8,7 millioner muslimer er blitt drept av sine trosfeller i konflikter rundt omkring i verden.[45]

Når man tar alt dette med i betraktningen, er det ikke rart at de palestinske arabernes liv ikke ble noen dans på roser i de jordansk- og egyptisk-okkuperte områdene i Det hellige land. I de fleste araberstatene ble de som regel behandlet som andre rangs innbyggere. Noen land, slik som Saudi Arabia, innførte dessuten en spesiell skatt på sju

---

45 Dr. Michal Rachel Suissa, «Massedrap og folkemord i den muslimske verden», i *SMA-info*, nr. 2/2009, Oslo: Senter mot antisemittisme, side 58.

prosent for alle palestinske arabiske innbyggere i landet, og pengene ble sendt til erketerroristene i Fatah.[46]

Den jordanske regjeringen fulgte en politikk der de bevisst diskriminerte den palestinske befolkningens muligheter til å etablere moderne industri. Den eneste formen for industri som var tillatt i Judea og Samaria under det jordanske styret, var hjemmeindustri. Og på Gazastripen var innbyggerne enda fattigere enn i Judea og Samaria.

Under det jordanske styret var innbyggerne blitt nektet enhver form for administrativ autonomi, men da Israel grunnla det militære styret i Judea og Samaria, lanserte de samtidig den første palestinske administrasjonen som de lokale araberne noensinne hadde hatt.

I løpet av den perioden som Jordan hadde kontroll over Gamlebyen i Jerusalem, brøt de dessuten alle plikter som har å gjøre med religiøse rettigheter. Ifølge våpenhvileavtalen fra 1949 skulle Jordan sikre fri adgang til de hellige plassene og kulturelle institusjonene i Gamlebyen i Jerusalem, men dette ble ikke gjort. Kristne arabere som bodde i Israel, ble nektet adgang til sine hellige plasser bortsett fra under julefeiringen. Det var enda verre for de israelske muslimene. For dem var det totalt forbudt å besøke Gamlebyen i Jerusalem. Dette betydde at de aldri fikk besøke Tempelplassen i Jerusalem, der Salomos tempel en gang lå og der

---

46 Said K Aburish, *Arafat: From Defender to Dictator*,
    London: Bloomsbury, 1998, side 86.

islams tredje helligste moske, Al Aksa-moskeen, nå ligger.

De jordanske myndighetene undertrykket også den kristne befolkningen som bodde under den jordanske okkupasjonen i Judea og Samaria. Kristne skoler måtte holde dørene stengt på fredager, som var den muslimske helligdagen, og de ble tvunget til å ta inn muslimske lærere for å undervise barna i Koranen. Det ble nedlagt totalforbud mot Jehovas vitner. De kristne fikk ikke tillatelse til å bygge en eneste ny kirke, og de kristne institusjonene fikk ikke lov til å kjøpe land eller bygninger i Jerusalem. Myndighetene bygde også moskeer ved siden av kirkene for å forhindre at kirkene kunne bygge ut.

I løpet av de 19 årene som Jordan hadde kontrollen over Gamlebyen, sank den kristne andelen av befolkningen fra 40 prosent til 12 prosent.

Det er verdt å merke seg at verden holdt munn mens denne forfølgelsen pågikk. Statsministerne og presidentene i de «kristne» nasjonene i Vesten brydde seg aldri om å protestere mot hvordan hasjemittene i Jordan behandlet de kristne palestinske araberne.

Men det var ikke bare de kristne som hadde det tøft under den jordanske okkupasjonen. Regjeringen sensurerte også alle prekener som de muslimske imamene holdt på Tempelplassen hver fredag.

Før 1948 bodde det omlag 120 000 innbyggere på Gazastripen, og inntil 1967 vokste denne befolkningen til 320 000 personer. Dette førte til at Egypt innførte en streng unntakstilstand på

Gazastripen, og denne unntakstilstanden varte så lenge Egypt hadde kontrollen over området.

På grunn av det egyptiske militære styret ble flyktningenes barn adskilt fra de andre barna på skolene, de innførte forbud mot at flyktninger kunne få offentlige posisjoner, de fikk begrenset bevegelsesfrihet i Egypt, og de innførte totalforbud mot reiser til Israel. Ingen av innbyggerne på Gazastripen, verken flyktningene eller de fastboende, fikk statsborgerskap.

Mange flyktninger reiste til Saudi Arabia, Libya, Kuwait og flere forskjellige gulfstater for å finne arbeid, men alle araberstater bortsett fra Jordan nektet de palestinske flyktningene statsborgerskap.

Den tidligere palestinske terroristen Tass Saada fortalte hvordan han og familien hans opplevde det da de flyttet til Saudi Arabia: «Jeg forsto raskt, til og med før jeg begynte på skolen, at vi ikke var ønsket her.»[47]

Saada forteller også om en situasjon der faren hans jobbet i verkstedet sitt en fredag, på den muslimske helligdagen, og det saudiske religiøse politiet stormet inn i verkstedet og begynte å slå faren med en pisk. «Hedning! Hvorfor jobber du i stedet for å be? Dere flyktninger viser ikke respekt. Dra til moskeen øyeblikkelig!» skrek de og jaget ham til moskeen med piskene sine.

Andre araberstater har også påført de palestinske araberne stor skade. Etter Gulfkrigen i 1991, da PLOs leder Yasser Arafat tok Saddam Husseins side, kastet Kuwait ut flere hundre tusen palestinske

---

47 Tass Saada og Dean Merrill, *Once an Arafat Man*, side 11.

arabere. Og da Yasser Arafat på vegne av Fatah og PLO undertegnet prinsippavtalen i september 1993, bestemte den libyske diktatoren Muammar Gadaffi seg for at han ville straffe og ydmyke PLO ved å utvise 30 000 palestinere, som hadde bodd og arbeidet i Libya. Israel forbarmet seg over 200 flyktninger som satt fast i ingenmannsland på grensa mellom Libya og Egypt ved å la dem få bosette seg i de administrerte områdene.[48]

Hvem bryr seg om de palestinske araberne i araberlandene? Når man tar i betraktning at menneskerettighetene betyr lite eller ingenting i de fleste av disse landene, er det ikke overraskende at de palestinske araberne også fikk lide for disse diktaturenes beslutninger. Men det er ikke mindre tragisk at de samme regjeringene som skapte det palestinske flyktningproblemet, også behandlet flyktningene så dårlig.

---

48 Justus R. Weiner, *The Palestinian Refugees' «Right to Return» and the Peace Process*, side 11.

Kapittel 6
PLO sprer skrekk og gru

Da Israel fikk kontrollen over Judea, Samaria og Gazastripen under Seksdagerskrigen i juni 1967, øynet Yasser Arafat nye muligheter og snek seg inn i Jerusalem. Nå som Fatahs øverste leder hadde kommet inn på israelsk territorium, vendte han raskt oppmerksomheten mot de arabiske innbyggerne i Judea og Samaria. Han hadde store forhåpninger om at han ville klare å egge dem til å starte et opprør mot Israel.

Blant de palestinske araberne i Judea og Samaria på denne tiden fantes det lokale lederskap som var bygd på gamle forhold mellom familier, slekter og stammer. Disse rike lederne ville selvfølgelig ikke vike plass for Arafat eller foreta seg noe som kunne bety at Arafat ville få en lederstilling blant de lokale araberne. De stolte ikke på Fatah og betraktet organisasjonen som en trussel mot den innflytelsen de hadde. De likte heller ikke den egyptiske aksenten og oppførselen til Arafat. Yasser Arafat var ganske enkelt en fremmed og utlending for de palestinske araberne i Hebron, Betlehem og Nablus.

Dermed var det en enkel jobb for Israel å rekruttere flere hundre informanter i regionen.

Da Arafat ikke klarte å overtale de lokale araberne til å gjøre opprør under hans lederskap, begynte han å true dem og rent fysisk banke dem opp helt til de sa seg villige til å støtte Fatah. «Men dette virket heller ikke, for israelerne var der for å beskytte» de lokale palestinske araberne, som den palestinske araberen Said Aburish skrev i sin biografi av Yasser Arafat.[49]

Dermed begynte Arafat å gå til regelrett angrep på alle arabere som samarbeidet med Israel. Fra juni til september 1967 ble nesten 30 arabiske «kollaboratører» drept, men fordi Arafat fryktet for at de lokale stammelederne kunne ta hevn, ble ingen av de lokale lederne drept. Han forsøkte dessuten å kjøpe innbyggernes lojalitet ved å betale bestikkelser, men de fleste palestinske araberne reagerte negativt på dette.

Arafat sendte også terrorister fra Jordan inn på de israelsk-administrerte områdene, der de skulle drepe og såre mennesker og skape så mye materiell skade som mulig før de skulle trekke seg tilbake til tilfluktsstedene i Jordan eller andre araberstater.

Den beryktede erketerroristen forsøkte også å stikke kjepper i hjulene for ethvert israelsk forsøk på å finne en fredelig løsning på hva de skulle gjøre med den arabiske befolkningen i de administrerte områdene. På denne tiden fantes det lokale ledere blant araberne i de forskjellige byene – slik som Hebron, Betlehem, Jeriko, Nablus og Gaza – men det fantes ingen «nasjonale» ledere med autoritet

---

49 Said K Aburish, *Arafat: From Defender to Dictator*, side 74.

for å forhandle om en fredelig løsning på vegne av alle de palestinske araberne. Og de arabiske lederne som forsøkte å ta et «nasjonalt» ansvar, ble motarbeidet av PLO. Den kristne advokaten Aziz Shehadeh, journalisten Mohammed Shalbiya og dr. Hamdi Al Taji Al Farouqi fra en gammel politisk familie var blant de lederne som Arafat forsøkte å skremme og bringe i vanry. Arafat nektet å tolerere et palestinaarabisk initiativ som kunne føre til en fredsavtale med Israel.[50]

I Jordan hadde Arafat og PLO langt større framgang enn i de israelsk-administrerte områdene. I løpet av noen få år fikk PLO så mye makt i Jordan at de i praksis administrerte «en stat i staten» der. PLOs administrasjon i Jordan var på en måte den første «palestinske staten» i historien.

Mer enn 30 store og små terrororganisasjoner opererte under PLOs paraply i Jordan på denne tiden. I denne «palestinske staten» kunne PLOs terrorister gjøre som de selv ville. Tolv år gamle palestinaarabiske gutter spradet rundt på gatene med skytevåpen, og de brukte våpnene sine slik de selv fant det for godt.

«Hvis jeg fikk vite om et hus der det bodde kristne, tok jeg en tur og kastet en håndgranat inn i huset – eller kanskje en salve med maskingeværet,»[51] skrev en av Fatahs terrorister som oppholdt seg i Jordan på denne tiden. Terroristene kidnappet arabiske diplomater og jordanske journalister. De gikk til uprovoserte

---

50 Ibid., side 119.
51 Tass Saada og Dean Merrill, *Once an Arafat Man*, side 44.

angrep på regjeringskontorer, voldtok kvinner og ydmyket hæren og offiserer.

Under Arafats ledelse skapte PLO sin egen politistyrke og domstoler, og de arresterte og straffet mennesker uten å bry seg om de jordanske lovene eller domstolene. Fatahs bevæpnede medlemmer blokkerte veier og hadde det moro på bekostning av uskyldige sivile.

De palestinske terrororganisasjonene var ofte finansiert av forskjellige land, slik som Libya, Syria, Irak, Sovjetunionen og Kina. Alle disse landene bidro økonomisk for å legge grunnlaget for det blodbadet som fant sted blant palestinaarabere, hasjemitter og andre arabere i Jordan på denne tiden. Mange av de «palestinske» terrororganisasjonene besto dessuten av medlemmer som overhodet ikke hadde noen forbindelse med Det hellige land, slik som den libanesiske Fidai-fronten eller Organisasjonen for araberne i Sinai, eller forskjellige marxist-leninistiske, maoistiske eller sosialistiske grupper.

Den «palestinske staten» i Jordan var selvfølgelig en stor trussel mot kong Husseins makt, og dermed var det ofte trefninger og skuddvekslinger mellom jordanske soldater og PLOs terrorister. Fra midten av 1968 til slutten av 1969 foregikk det mer enn 500 kamper mellom de jordanske sikkerhetsstyrkene og PLOs terrorister. Og hvis det jordanske politiet våget å arrestere noen av terroristene, måtte de regne med at politistasjonen ble angrepet av andre terrorister som ville sette sine kamerater i frihet. Den 28. mai 1968 ble det regjeringskrise i landet da et ukjent antall jordanere ble drept i et slikt angrep på en jordansk politistasjon.

I september 1970 hadde kong Hussein fått nok av kaoset, og dermed gikk han til krig mot alle terrororganisasjoner som var en del av PLO. Det ble utkjempet blodige kamper på Ammans gater og i de palestinske flyktningeleirene. Begge sider begikk grusomme handlinger. Mange uskyldige ble voldtatt og/eller drept, og en stor del av Amman sto i flammer. Mange terrorister som ble arrestert, ble torturert i de hemmelige tjenestenes hovedkvarter utenfor Amman. I de beleirede flyktningeleirene gikk befolkningen tom for mat og vann. Mange innbyggere forlot landsbyene sine og flyktet ut i ørkenen ettersom de trodde at det ville være tryggere der.

Selv om ingen vet nøyaktig hvor mange det var som lukket øynene for siste gang disse svarte septemberdagene, er det helt sikkert at mange tusen ble drept, og mange av disse var sivile arabere. Det var kanskje en skjebnens ironi at da de palestinske terroristene var trengt opp i et hjørne mot slutten av konflikten, valgte mange av dem å flykte tvers over Jordanelven, der de kunne søke om asyl i Israel![52]

Nå som PLO var kastet ut av Jordan, omgrupperte de seg og flyttet isteden basen sin til Libanon. I løpet av 1970-tallet ville de skape kaos i det landet der muslimske og kristne arabere hadde levd i fred og fordragelighet i lang tid.

---

52 Said K Aburish, *Arafat: From Defender to Dictator*, side 115.

Også her oppførte PLO seg som om landets lover ikke betydde noe som helst og som om de kunne gjøre som de selv ville. «Palestinerne oppførte seg som om de var en stat innenfor staten Libanon. De trosset åpent lovene i landet og misbrukte folkets gjestfrihet,»[53] skrev en professor.

Nå hadde Arafat fått kontroll over en relativt stor og mektig hær. I 1975 hadde Arafat kommandoen over mer enn 15 000 soldater pluss mange flere i paramilitære formasjoner. I tillegg hadde han fått tak i stridsvogner og antiluftskytsvåpen.

I Libanon var PLO også direkte involvert med de kriminelle elementene i landets hovedstad. De lastebilene som fraktet våpen og ammunisjon fra Syria til Arafats tropper i Libanon, smuglet sigaretter og andre tollfrie varer tilbake til Damaskus, der det ble solgt med god fortjeneste. Og våpen som de ikke lenger hadde behov for, ble solgt på svartebørsen i Libanon.

I den «palestinske staten» innenfor Libanons grenser oppførte terroristene seg minst like ille som de hadde gjort i Jordan. De blokkerte veier, tok kontrollen over bygninger, drev med pengeutpressing, beskyttet kriminelle slik at det libanesiske politiet ikke kunne arrestere dem, beslagla biler, drev ut innbyggere, åpnet sine egne butikker, barer og nattklubber uten tillatelse og utstedte sine egne identifikasjonspapirer.

Det året borgerkrigen begynte i Libanon, var det 70 forskjellige hærer og bevæpnede grupper i

---

53 Avi Beker, «Perpetuating the Tragedy: The United Nations and the Palestinian Refugees», side 147.

landet. Og det var de kristne som led mest under borgerkrigen, selv om heller ikke de oppførte seg som engler.

De palestinske terroristene drepte kristne som bar kors og voldtok kristne kvinner, og i hovedstaden foregikk det gatekamper. Og da PLO gikk til angrep på den kristne byen Damour, ble flere hundre sivile massakrert. PLO kjempet ofte side ved side med den syriske hæren i disse kampene.

I løpet av alle disse årene sendte PLO også terrorister fra Libanon inn i Israel, der de forårsaket død og ødeleggelse. I 1982 hadde Israel til slutt fått nok av urolighetene i Libanon, og de gikk til angrep på landet og kastet PLO ut derfra.

I løpet av perioden fra 1976 til 1982 hadde PLO og Syria myrdet omkring 100 000 kristne arabere i Libanon, og nå tok de kristne araberne hevn over den palestinske befolkningen. Flere hundre, eller kanskje til og med flere tusen, palestinske arabere ble drept da de kristne styrkene gikk til angrep på flyktningleirene Sabra og Shatilla.[54] Resultatet av PLOs nærvær i Libanon var minst like destruktivt som organisasjonens nærvær i Jordan noen år i forveien.

Hvem bryr seg om de palestinske flyktningene i Jordan og Libanon? En ting er sikkert: Da de palestinske terroristene under Yasser Arafats ledelse opprettet sin «palestinske stat» innenfor disse to statene, ble resultatet ødeleggelse, store lidelser og

---

54 Det er usikkert nøyaktig hvor mange som ble drept i massakren.

kraftige massakre på den sivile befolkningen i disse flyktningleirene.

Kapittel 7
Framgang for palestinerne

Da Israel overtok administrasjonen av Judea, Samaria og Gazastripen i juni 1967, begynte et helt nytt kapittel i livet til de palestinske araberne som bodde i disse områdene.

De mest dramatiske og umiddelbare endringene skjedde i Jerusalem. Jordanerne hadde bygd murer tvers gjennom byen, men disse ble fjernet. Nå som Israel hadde kontrollen, var det fritt fram for både jøder og arabere å bevege seg fram og tilbake i Jerusalem uten restriksjoner.

Alle arabere i Øst-Jerusalem fikk også tilbud om israelsk statsborgerskap, og mange av dem aksepterte det israelske tilbudet.[55]

Israel garanterte religionsfrihet for alle og adgang til de hellige plassene for alle religioner. Ja, jødene gikk til og med så langt at de overlot kontrollen over den helligste plassen i deres egen religion til muslimene! Den helligste plassen i jødedommen er selvfølgelig Tempelplassen, der Salomo ifølge Bibelen bygde Herrens tempel for cirka 3000 år siden. Men Israels regjering lot det

---

55 Se kapittel fire for mer informasjon om de israelske araberne.

muslimske *Waqf* få beholde kontrollen over Tempelplassen. På samme måte ville kristne kirkesamfunn få beholde kontrollen over sine hellige plasser.

Den 27. juni 1967 vedtok Knesset dessuten en lov om beskyttelse av hellige plasser: «De hellige plassene skal være beskyttet fra vanhelligelse og enhver annen form for brudd og fra alt som trolig vil bryte mot den frie adgangen til medlemmene av de forskjellige religionene til de plassene som er hellige for dem eller deres følelser med hensyn til de hellige plassene,» sto det i den israelske loven. Knesset fastslo også en strafferamme på sju år for dem som vanhelliget hellige plasser under israelsk kontroll.

På tross av at Jerusalems borgermester Teddy Kollek protesterte på planene om å forene de østlige og vestlige bydelene i Jerusalem innenfor samme kommune, tok det ikke lang tid før gjenforeningen var et faktum, og jødenes 3000 år gamle hovedstad ble åpnet for trafikk i begge retninger. Forsvarsminister Moshe Dayan ga ordre om at både jøder og arabere skulle ha frihet til å reise fram og tilbake over de nye grensene. Alle kontrollposter skulle fjernes, og ingen skulle være nødt til å søke om tillatelse for å kunne reise fritt. På et øyeblikk var Jerusalem kommune blitt dobbelt så stor.

I framtiden skulle det vise seg at araberne i den østlige delen av Jerusalem ville nyte godt av skattepengene fra de mer velstående jødene i vest. Til og med før våpenhvilen begynte å gjelde, begynte arbeidere fra Jerusalem kommune å reparere skadede vannledninger og elektriske ledninger, demontere murer og veisperringer og piggtråd, og telefonledningene fra begge bydeler ble sammenføyet. I løpet av det første halvåret kunne araberne bevitne hvordan 24 kilometer med veier ble asfaltert, 1200 nye gatelykter ble satt opp, flere tusen nye trær ble plantet i parkene, byen fikk et nytt søppeltømmingssystem, og rundt 50 arabiske hus ble koblet opp mot de israelske vannledningene hver uke.

Og det var ikke bare araberne i Øst-Jerusalem som fikk nyte godt av de nye grensene. De gamle bibelske byene som Hebron, Betlehem, Shekem og Jeriko var plutselig åpne for israelske turister, og de arabiske kafeene og markedene ble fylt av jøder som ville treffe sine nye naboer og se de plassene der israelittenes patriarker satte sine føtter og ble gravlagt for nesten 4000 år siden. Flere hundre tusen israelske turister strømmet inn i gatene i Gamlebyen i Jerusalem, og de kjøpte nesten alt det som de forbausede arabiske butikkeierne og kunstnerne hadde å tilby.

Utlendinger fikk også tillatelse til å reise fritt omkring i Judea og Samaria. Dette betydde blant annet at kristne turister som kom for å besøke Det hellige landet, ikke bare fikk se Nasaret og Galileasjøen, som hadde vært en del av Israel siden 1948, men også Betlehem, Jeriko og de bibelske plassene i Jerusalem.

Araberne fikk også gradvis større frihet til å reise hvor de ville i Israel, og i 1970 hadde araberne fra Judea og Samaria full frihet til å reise hvor de ville innenfor Israels grenser. Nå ble de israelske byene og strendene fylt av arabere. Nesten umiddelbart etter at krigen var slutt, fikk araberne i Øst-Jerusalem mulighet til å søke om jobber i de jødiske bydelene, og et år senere hadde 15 000 arabere fått jobb på forskjellige plasser i Israel. Dette tallet fortsatte å vokse helt til opptil 140 000 hadde skaffet seg jobb i Israel sju år senere, og lønningene i de israelske byene lå langt over det araberne hadde vært vant til.

Regjeringen bestemte også at de gamle jordanske lovene fortsatt skulle gjelde for de araberne som bodde i Judea og Samaria. De skattepengene som de lokale araberne betalte, skulle brukes lokalt, og hvis de lokale styresmaktene trengte mer penger, ville den israelske militærkommandoen skyte til ekstra midler. To måneder etter at krigen var slutt innførte Israel dessuten det israelske pundet som gyldig betalingsmiddel på lik linje med den jordanske dinaren.

Den israelske regjeringen gikk også inn for å åpne broene til Jordan. Dette betydde at araberne i Judea og Samaria fikk frihet til å reise og besøke slekt og venner i Jordan og andre araberland, og araberne fra de landene kunne komme på besøk til Judea og Samaria.

Det betydde også at araberne i Judea og Samaria kunne eksportere det de produserte til Jordan og andre araberland, og dette var med på å legge grunnen for en voldsom økonomisk vekst som araberne i disse områdene ville oppleve de neste tjue årene.

I 1969 førte de åpne broers politikk til at 85 000 palestinske arabere fra Judea og Samaria og 9000 fra Gazastripen fikk lov til å besøke araberstatene for å jobbe, studere eller besøke slekt og venner.

Broene var også åpne motsatt vei. I 1971 fikk over 100 000 arabere fra nabolandene besøke de israelsk-administrerte territoriene[56], og de fleste av disse besøkte også selve Israel.

Da Judea og Samaria ble en integrert del av den israelske økonomien i 1967, ble grunnlaget lagt for at lokalbefolkningen kunne opprette industrier, og de fikk tilgang på helt nye markeder som var langt mer velstående enn den begrensede kundekretsen de tidligere hadde hatt.

Den israelske regjeringen reverserte helt den jordanske politikken som tidligere hadde hatt kvelertak på den palestinske økonomien. Blant annet begynte regjeringen å låne ut penger til palestinske entreprenører som ønsket å starte for seg selv. I tillegg kunne de lokale araberne nå eksportere produktene sine under en israelsk lisens, noe som betydde at da Israel undertegnet en frihandelsavtale med EF (som nå er EU), fikk palestinerne også tilnærmet ubegrenset tilgang til de velstående europeiske markedene.

De palestinske entreprenørene oppdaget dessuten at de ble nødt til å konkurrere med industri som

---

56 Etter Seksdagerskrigen i 1967 begynte Israel å omtale Judea, Samaria og Gazastripen som «de administrerte territoriene», siden Israel hadde overtatt administrasjonen i disse områdene uten å annektere dem, og siden de ville forhandle med de palestinske arabernes ledere om en varig løsning for disse områdene.

71

allerede var grunnlagt i Israel, og denne sunne konkurransen førte til at kvaliteten på arbeidet og effektiviteten vokste kraftig blant de lokale palestinerne.

Fra 1967 til 1986 klarte de lokale palestinske entreprenørene å grunnlegge 1600 industrier og fabrikker i Judea og Samaria. Eksporten fra dette området hadde i 1985 økt til hele 120 millioner dollar. Mesteparten av produksjonen var mat og drikke, tekstiler og klær, tre og metall, møbler, tepper, byggematerialer og plastikk.

I jordbruket skjedde det en lignende revolusjon. I 1967 benyttet palestinerne seg av relativt primitive jordbruksmetoder. Man pløyde med hest og høstet frukt og grønnsaker for hånd. De hadde ingen slanger som de kunne vanne avlingene med, og dermed rant vannet isteden via åpne kanaler der en god del bare fordampet. Gjødsel var heller ikke vanlig.

Kort tid etter Seksdagerskrigen påbegynte den israelske sivile administrasjonen en intensiv kampanje for å øke produktiviteten i jordbruket. Snart ble produksjonen fordoblet på mange felt, og i løpet av de tjue årene fra 1967 til 1987 vokste produksjonen med omtrent 10 prosent i året.

Israel oppfordret palestinerne til å begynne å dyrke nye matvarer som ikke var så sårbare for endringer i klimaet, og de hjalp bøndene fra Judea og Samaria å eksportere varene sine gjennom AGREXCO, som er Israels eksportorgan for jordbruket.

Mange palestinske arabere fikk mulighet til å ta seg arbeid i de israelske byene, der de fikk en lønningspose som nesten var på europeisk nivå og som var mye tjukkere enn den lønningsposen de hadde fått under den jordanske eller den egyptiske okkupasjonen.

I september 1970 hadde omtrent 40 000 arabere fra territoriene funnet seg arbeid i Israel, og de fikk samme lønn som israelerne. Før 1967 hadde mange av disse tjent mindre enn en dollar per dag. Dessuten opplevde de en drastisk forbedring i arbeidsforholdene. Før 1967 var arbeidstiden nærmest ubegrenset, men nå som de jobbet for israelske arbeidsgivere, var grensen satt til åtte timer per dag.

En libanesisk avis oppsummerte hvor godt de palestinske araberne plutselig hadde fått det: «En spesiell buss henter dem fra sine hjem til arbeidsplassen, så får de gratis lunsj, og klokka fem om ettermiddagen blir de fraktet hjem igjen. For første gang i livet kan en arbeider nå tilbringe tid sammen med sin familie og barn, kjøpe nye klær til høytidene, sende dem på skolen og sove uten å bekymre seg for livets opphold.»[57]

Muligheten til å jobbe i Israel medførte at arbeidsløsheten sank fra åtte prosent til 3,3 prosent i løpet av de første tre årene etter at Israel fikk kontrollen over de administrerte områdene.

Denne velstanden ga resultater i de palestinske arabernes dagligliv. I løpet av de første tjue årene

---

57 Artikkel i *Al-Hawadeth*, 27. april 1971, gjengitt i Isi Leibler, *The Case for Israel*.

som Israel hadde kontrollen over disse områdene, fikk mange arabere råd til å kjøpe seg «luksusgjenstander» som de aldri kunne ha drømt om da det var jordanerne og egypterne som hadde kontrollen. I 1967 hadde kun tre prosent av befolkningen på Gazastripen kjøleskap, men i 1985 hadde dette tallet vokst til 77 prosent. Andelen familier med vaskemaskin hadde også vokst fra tre prosent til 39 prosent, og hele 86 prosent av familiene var nå stolte eiere av komfyrer. Befolkningen i Judea og Samaria opplevde samme trend, selv om utviklingen i disse områdene ikke var like dramatisk som på Gazastripen.[58]

Den palestinsk-israelske integreringen betydde også at lokalbefolkningens helse ble drastisk forbedret. Før 1967 kunne sykdommer herje som de ville på grunn av feilernæring og infeksjoner. Maten var ikke særlig variert, og kunnskapene om grunnleggende hygiene var mangelfulle.

Den israelske administrasjonen bygde snart et antall klinikker i de palestinske områdene. I 1968 var det 89 klinikker i Judea og Samaria, men i 1987 hadde dette tallet vokst til 167. Etter Seksdagerskrigen var det bare en håndfull mor/barn-klinikker der, men tjue år senere fantes det 137 klinikker som spesialiserte seg på å behandle gravide kvinner, mødre og barn. Antallet leger, sykepleiere og ambulansepersonell ble også mer enn fordoblet i løpet av disse tjue årene.

---

58 *Judea Samaria and the Gaza District 1967-1987: Twenty Years of Civil Administration*, Jerusalem: Carta, 1987, side 17.

I 1986 kunne de lokale legene i de administrerte områdene for første gang utføre en hjerteoperasjon, og i 1987 kunne de for første gang utføre nevrokirurgi. Pasienter som hadde spesielle behov som klinikkene i Judea og Samaria ikke kunne ta hånd om, ble sendt til israelske sykehus. På et av disse sykehusene, det svære Hadassah-sykehuset i utkanten av Jerusalem, kunne man se fred i praksis der arabiske og jødiske leger og sykepleiere jobbet sammen for å redde livet på både israelske jøder, israelske arabere og palestinske arabere.

I 1968 var spedbarnsdødeligheten på Gazastripen over åtte prosent, og i Judea og Samaria over tre prosent. I 1985 hadde dette tallet sunket til rundt tre prosent på Gazastripen og 2,5 prosent i Judea og Samaria.

Også på utdanningsfronten skjedde det en revolusjon. Da Israel overtok kontrollen over Judea, Samaria og Gazastripen i 1967, fantes det ikke et eneste universitet i noen av disse områdene. Men åtte universiteter ble etablert i de årene Israel hadde kontrollen.

Betlehem University var det første, og de åpnet dørene i 1973. Deretter ble Birzeit University, An-Najah National University, Islamic University of Gaza, Hebron University, Al-Quds Open University, Al-Aqsa University og Al-Azhar University grunnlagt i løpet av de neste 19 årene.

De palestinske terroristene forsto snart hvor landet lå. Naif Hawatmeh, som var leder for terrororganisasjonen DFLP, uttalte i oktober 1970: «Folket på Vestbredden sier at de ikke er rede til å vende tilbake til de jordanske sikkerhetstjenestenes regime. De husker det diktatoriske politistats-regimet som eksisterte under Muhamad Rassul al-Kilani[59]. Siden de husker dette så klart, finner de at den israelske administrasjonen er mindre tyrannisk og skremmende enn den jordanske sikkerheten.»[60]

Denne perioden var virkelig som en oase i tiden for både jøder og arabere i Det hellige land. Det fantes ingen veisperringer. Jøder kunne reise til arabiske byer. Arabere kunne reise til de israelske byene. Israelere kunne trygt reise for å handle på markedene i de palestinske byene. På markedet i Tulkarem, som ligger litt over en mil fra den israelske badebyen Netanya, kunne israelerne handle til en relativt billig pris. Til og med så seint som på slutten av 1980-tallet og begynnelsen av 1990-tallet kunne de israelske innbyggerne på Gazastripen dra på handletur i Gaza by eller flyktningleiren Khan Yunis.

Nettopp fordi Israel behandlet de palestinske araberne i de administrerte områdene så godt, hadde Yasser Arafat og PLO store problemer med å rekruttere terrorister blant denne befolkningen så lenge Israel hadde kontrollen. «For dem var de nye israelske mesterne ikke noe verre enn den jordanske administrasjonen før krigen – faktum var at det israelske politiet behandlet dem bedre,»[61] innrømte palestineren Said Aburish.

---

59 En jordansk innenriksminister.
60 Isi Leibler, *The Case for Israel*.
61 Said K Aburish, *Arafat: From Defender to Dictator*, side 73-74.

Hvem bryr seg om de palestinske araberne i de administrerte områdene? Livet deres ble mye bedre da Israel tok over administrasjonen over disse områdene. Israel har gjort mange feil i forholdet til disse palestinske araberne, det er ingen tvil om det, men samtidig er det heller ingen tvil om at disse araberne opplevde en kraftig forbedring på mange områder av livet da jødene fikk kontrollen over de områdene der mesteparten av Bibelens historier utspilte seg for flere tusen år siden. Da sionistene begynte å bygge opp Judea og Samaria, blomstret livet for både jøder og arabere.

Kapittel 8
Intifadaens lidelser

I desember 1987 gikk skarer av palestinske arabere til opprør mot den israelske administrasjonen av Judea, Samaria og Gazastripen. Noen timer i forveien var fire arabere blitt drept i en bilulykke, og da det gikk rykter om at det angivelig ikke var en ulykke men en israelsk hevnaksjon, reagerte de palestinske araberne med sinne. Palestinske ungdommer angrep med steiner og molotovcocktails. Israelere og palestinere ble drept i kampene som brøt ut på gatene i Gaza og andre plasser i de administrerte områdene, og den freden som hadde eksistert i disse områdene de siste 20 årene, var som blåst for vinden.

Et antall islamister fra terrororganisasjonen Hamas påtok seg ansvaret for utbruddet av det opprøret som senere er blitt kalt for Intifadaen. I løpet av kort tid utviklet Intifadaen seg slik at antallet terrorangrep mot sivile israelere økte drastisk.

Plutselig var det forbundet med fare for israelere å besøke arabiske byer og landsbyer. En israelsk jøde kunne ikke lenger være trygg på at han ville overleve en tur til det israelske markedet i

79

Tulkarem. En israelsk jøde kunne ikke lenger stole på at han kunne gjøre forretninger i Betlehem uten å komme til skade. En israelsk jøde kunne ikke lenger dra og spise på en restaurant i Hebron uten å frykte for sitt liv. Mange israelere reiste fortsatt for å besøke eller drive forretninger i disse byene, men nå var det mye mer risikabelt enn det hadde vært bare et par år i forveien.

Resultatet var selvfølgelig at mye av den inntekten som palestinerne tidligere hadde hatt fra israelerne, svant hen. De israelske kundene forsvant fra de palestinske markedsplassene, butikkene og restaurantene.

I begynnelsen av Intifadaen ble flere palestinske arabere drept i kamper med de israelske soldatene, men etterhvert som Intifadaen utviklet seg, skulle det vise seg at de fleste arabere faktisk ble drept av sine egne landsmenn og ikke av de israelske soldatene.

De palestinske terroristene begynte snart å slå ned på alle som angivelig var «informatører» for israelerne. Terrororganisasjonene visste at de israelske sikkerhetstjenestene hadde palestinske agenter på lønningslistene, og de ville gjøre alt de kunne for å tørke ut den strømmen av informasjon som den israelske etterretningen var avhengig av.

Når noen ble anklaget for å være en «informatør», tok det ikke lang tid før terrorister banket på døra og man ble ført av sted i nattens mulm og mørke. De som ble anklaget for å være informatører, fikk ingen formell rettssak. Straffen ble ofte utmålt raskt og ubønnhørlig, og mange arabiske kvinner ble enker når ektemennene ble anklaget for å være informatører.

I landsbyen Kabatya i den nordlige delen av Samaria fikk befolkningen mistanke om at en av deres egne var informatør for den israelske etterretningen. En dag gikk en mobb til angrep på huset hans, og da mannen forsvarte seg ved å skyte mot mengden, ble et fire år gammelt arabisk barn truffet og drept. Etter at mobben hadde omringet huset i flere timer, brøt de seg inn og stakk mannen med kniver og banket ham opp inntil han døde, og deretter hang de opp liket i en mast.

Etterhvert utviklet hevnaksjonene seg slik at arabere ble anklaget for å være informatører selv om de overhodet ikke hadde noen kobling til den israelske etterretningen. Dersom du hadde en brysom nabo, var den beste løsningen på «problemet» å «tipse» lederne for Intifadaen om at du hadde mistanker om at naboen var en kollaboratør.

Noen palestinere ble også anklaget for å være kollaboratører fordi de var ansatt i den sivile administrasjonen eller fordi de hadde hatt kontakt med jøder. I oktober 1989 ble en palestinsk far til sju barn stukket med kniv og drept i Jeriko etter at han hadde solgt blomster til jøder som bygde en løvhytte. Kvinner som hadde oppført seg på en «umoralsk» måte, var også blant ofrene.[62]

Mange av dem som ble drept, ble enten halshogd, lemlestet, stukket ned med kniv, hakket ihjel med øks, skutt eller drept ved at angriperne

---

62 Mitchell G. Bard, *Myths and Facts*, side 196.

helte syre i ansiktet på den som var anklaget for å
være kollaboratør.

Cirka 1000 palestinske arabere ble anklaget for å
være kollaboratører og drept av sine egne
landsmenn under Intifadaen, selv om bare 40 til 45
prosent av dem faktisk hadde hatt kontakt med
israelske myndigheter.[63] Mot slutten av Intifadaen
ble faktisk flere palestinere drept av sine egne enn
de som ble drept i kamp med de israelske
sikkerhetsstyrkene. I 1991 ble 238 palestinere drept
av sine egne, og det var mer enn tre ganger så
mange som de som døde i kamp med israelerne.

Kristne arabere ble heller ikke spart for
Intifadaens grusomheter. For en del år tilbake møtte
jeg en kristen palestinsk kvinne som fortalte meg
om en kristen familie som ble truet på livet av de
palestinske terroristene under Intifadaen. Denne
kristne familien hadde hevdet at man skal elske sine
fiender og velsigne den som forbanner deg, men de
muslimske naboene deres likte ikke denne
undervisningen.

De muslimske terroristene hadde sagt at dette var
mot Intifadaens ånd, og at det var en pro-israelsk og
anti-palestinsk ånd. Noen muslimer forsøkte
dessuten å drepe denne familien fordi de hadde
forfektet kristen ikke-vold.

Hvem bryr seg om palestinerne? Det er ingen tvil
om at det antisemittiske hatet som fikk fritt utspill i

---

63 The Palestinian Human Rights Monitor, «One Year Al-
Aqsa Intifada: Fact Sheets And Figures»,
http://www.phrmg.org/monitor2001/oct2001-
collaborators.htm.

de administrerte territoriene i 1987, ganske raskt slo tilbake på palestinerne selv. Intifadaen var ingen dans på roser for de israelske jødene, men det var de palestinske araberne som høstet de bitreste fruktene av denne antisemittiske kampanjen.

Kapittel 9
Terroristene overtar styringen

D en 13. september 1993 satt hele verden og bevitnet hvordan Israels statsminister, Yitzhak Rabin, og PLO/Fatah-sjefen[64] Yasser Arafat kom sammen på gressplenen utenfor Det hvite hus i Washington, D.C. etter en invitasjon fra den amerikanske presidenten, Bill Clinton. Denne vakre høstdagen undertegnet den israelske og den palestinske lederen Prinsipperklæringen, som var begynnelsen på en fredsprosess mellom Israel og palestinerne, der PLO ble akseptert som palestinernes representant. De «palestinske selvstyremyndighetene», eller Palestinian Authority (PA) på engelsk, ble opprettet og fikk rollen som en slags regjering for de palestinske araberne.

Det internasjonale samfunnet var i ekstase, og statsministre og presidenter begynte å ta fram lommeboka. Et par uker etterpå fikk palestinerne løfter om nesten to milliarder dollar i økonomisk hjelp, og i løpet av de kommende årene ville denne summen stige i rask takt.

---

64 PLO er en paraplyorganisasjon for mange palestinske terrororganisasjoner. Den største og viktigste organisasjonen innenfor PLO er Fatah. Fra 1968 til 2004 var Yasser Arafat øverste leder for både Fatah og PLO.

Ettersom Israel og Fatah undertegnet flere avtaler, fikk de gradvis mer og mer innflytelse og kontroll over palestinske byer og landsbyer i Judea, Samaria og Gazastripen. Både den israelske regjeringen, Det hvite hus i USA og den norske regjeringen, som hadde vært megler i begynnelsen av prosessen, hadde store forhåpninger om at denne prosessen etterhvert ville føre til at det ville bli sann fred mellom Israel og palestinerne. Dessverre skulle det vise seg at Fatah benyttet denne muligheten til alt annet enn fredelige formål.

I løpet av de foregående seks årene hadde palestinske terrorister slått til mot den israelske sivilbefolkningen og de israelske soldatene i Judea, Samaria og Gazastripen med en rekke angrep. Under denne Intifadaen hadde de fleste terroristene relativt primitive våpen til rådighet. Et typisk terrorangrep ble utført ved at terroristene kastet svære steiner eller hjemmelagde brannbomber, såkalte Molotovcocktails. Men nå skulle det bli andre boller.

Da Fatah fikk kontrollen over Gazastripen og Jeriko, og senere flere byer i Judea og Samaria, var avtalen at Fatah skulle kjempe mot og arrestere alle terrorister. Resultatet ble derimot at Fatah, som selv var en terrororganisasjon, importerte enda flere terrorister til området enn det hadde vært før september 1993.

Fredsprosessen betydde at en lang rekke terrorledere fra Fatah fikk innreisetillatelse til Jeriko, Gaza og andre byer etterhvert som organisasjonen fikk kontroll over større deler av de administrerte områdene. PLOs hovedkvarter i Tunisia ble lagt ned, og erketerroristen Arafat flyttet til de palestinske områdene sammen med sine nærmeste medarbeidere.

Et annet punkt i fredsprosessen handlet om at Israel gikk med på å løslate skarer av palestinere som var blitt dømt for terrorangrep eller forsøk på terrorangrep mot israelske mål, og som nå satt i israelske fengsler.

De terrorlederne som kom fra Tunisia, var ikke vant til å ofre seg selv for den saken de trodde på. Dermed kom det ikke som noen stor overraskelse da de enorme pengesummene som det internasjonale samfunnet hadde øremerket nødhjelp for fattige palestinere, isteden gikk til å bygge fine villaer for Fatahs ledere. Og Yasser Arafats kone, Suha Arafat, fikk 100 000 dollar overført *per måned* til en konto i Paris, der hun levde et liv i sus og dus.[65] Noen år senere, fra sommeren 2001 til sommeren 2003, fikk Suha Arafat overført rundt en million euro i måneden.

Allerede to uker etter at Prinsipperklæringen var blitt undertegnet gikk 43 nasjoner sammen og lovte å støtte palestinerne med nesten to milliarder dollar, og Yasser Arafat beholdt kontrollen over store deler av disse pengene. Siden han satt på tre stoler, både som formann for Fatah, formann for PLO og formann for de palestinske selvstyremyndighetene, kunne han trikse og mikse med pengene og overføre

---

65 Tricia McDermott, *Arafat's Billions,* CBSNews, 9. november 2003, http://www.cbsnews.com/stories/ 2003/11/07/60minutes/main582487.shtml.

midler dit han hadde mest behov for dem. Penger som egentlig skulle gå til de palestinske selvstyremyndighetene, havnet noen ganger i sparebøssen til terrororganisasjonen Fatah. Ved å manipulere med vekslingskurser, kunne Arafat frigjøre millioner av dollar til Fatah og PLO.

I 2003 ble det rapportert at han i all hemmelighet disponerte nærmere en milliard dollar, og at mange av disse pengene var investert i en Coca-Cola fabrikk, et teleselskap og fonder i USA og Caymanøyene.[66] Bistandsmidler fra Norge og andre land ble misbrukt på denne måten og på andre måter.

En del av Oslo-avtalene stipulerte at Israel skulle samle sammen skattepenger fra varer som ble kjøpt av palestinerne, og at de så skulle sette disse pengene inn på en bankkonto som Arafat kontrollerte i Bank Leumi i Tel Aviv. I tillegg til alle de pengene han fikk fra internasjonale givere, er det beregnet at Arafat totalt kontrollerte opp mot tre milliarder dollar da han døde.

Samtidig som Arafat grabbet til seg mange hundre millioner dollar, reiste han over hele verden og klaget over at de palestinske myndighetene ikke hadde penger til å betale lønninger, at den palestinske økonomien ville kollapse, og at det snart ville skje en humanitær katastrofe hvis det ikke kom mer hjelp umiddelbart.

Resultatet av all denne korrupsjonen var selvfølgelig at pengene ikke kom de palestinske araberne til del. Penger som egentlig skulle ha vært

---

66 Ibid.

brukt til å forbedre livet til de palestinske flyktningene og vanlige familier, gikk isteden til grådige terrorister.

Korrupsjonen betydde også at det ble vanskeligere for ærlige mennesker å skaffe seg en karriere og gjøre framskritt i det sivile livet. De som hadde venner blant Fatahs høye herrer, kunne regne med å få gode stillinger i selvstyremyndighetenes administrasjon. En liten pengesum under bordet kunne smøre maskineriet i betalerens favør.

Siden det var terrorister som hadde overtatt kontrollen i samfunnet, betydde det også at alt som heter menneskelige rettigheter og ytringsfrihet måtte seile sin egen sjø. Da det var Israel som hadde kontrollen, kunne man kritisere de israelske myndighetene både titt og ofte uten at det fikk noen konsekvenser. Men terrorlederne i Fatah var ikke like velvillig innstilt overfor kritikk, og de palestinske araberne ble redde for å si hva de egentlig mente om Fatah og de palestinske selvstyremyndighetene.

Men da den tidligere terroristen Tass Saada besøkte Ramallah i 2004, fikk han allikevel vite hvor landet lå av flere anonyme drosjesjåfører: «Livet er ganske bedrøvelig. Helt siden PA tok over, er det faktisk blitt tøffere,» klaget drosjesjåførene. «Men politibetjentene hans – de vet ikke hvordan de skal styre i det hele tatt. De holder på med å spørre alle om bestikkelser – det er kaos. Og israelerne ved grensen stoler selvfølgelig ikke på PA heller, så de slår ned enda hardere – flere regler, mer papirarbeid, flere restriksjoner. Det var faktisk bedre

89

da de var her og hadde ansvaret. Jeg innrømmer at det er forferdelig å si det, men det er sannheten.»[67]

De pengene som det internasjonale samfunnet ga til de palestinske selvstyremyndighetene, ble også brukt til å finansiere terrorisme. Flere hundre Fatah-aktivister ble satt opp på myndighetenes lønningslister, og noen av disse var senere ansvarlige for mord på israelere.

Samtidig begynte PLO å rive ned alle muligheter for at det noensinne kunne bli en varig fred mellom Israel og palestinerne. Dette var noe som de først og fremst gjorde ved at det palestinske samfunnet ble overøst av antisemittisk propaganda.

På radio og TV ble jødene fremstilt som barn av griser og apekatter og som fiender av Allah. PLO kopierte dessuten den kristne og den nazistiske antisemittismen og påstod at jødene var årsaken til alle kriger, konflikter og katastrofer i verden.

Religiøse ledere og akademikere sto fram på palestinsk TV og «opplyste» den palestinske befolkningen om hvorfor jødene var så farlige.

«Hver gang Muhammed kom tilbake fra toktene sine, ville han finne svik og forræderi blant jødene i Medina, siden svik og forræderi er to karaktertrekk i jødenes natur … som deres etterkommere arvet etter sine forfedre inntil denne dagen,» sa sjeik Ibrahim Mudayris da han underviste på TV den 4. juni 2004.[68]

---

67 Saada og Merrill, *Once an Arafat Man*, side 160.
68 Kill a Jew, Go to Heaven, Jerusalem: Palestinian Media Watch, side 4.

PLO indoktrinerte også befolkningen til å tro at det å drepe en jøde var en garanti for å komme til paradis. Dessuten vil en *sjahid*, eller martyr som gir sitt liv i den hellige krigen, få 72 jomfruer med mørke øyne i paradiset. Dermed beskriver de palestinske avisene ofte en selvmordsterrorists død og begravelse som «et bryllup».[69]

Som om det ikke var ille nok at PLO begynte å servere slik antisemittisk kost til voksne palestinere, fikk den samme læren dessuten innpass og en sentral plass på de palestinske skolene og TV-programmer for barn.

«Man må passe seg for jødene, for de er svikefulle og illojale,» sto det på side 79 i boka *Islamsk utdannelse for niende klasse.*[70] «De er etterkommere etter djevelen og etterkommere etter Satan,» sa religionslæreren Abdul Muiz Al Satar på palestinsk barne-TV den 17. desember 1998.[71]

De palestinske selvstyremyndighetene har også forsøkt å opplære barna til å være villige til å gi livet i den hellige krigen mot jødene. «*Sjahada* [martyrium] er en meget, meget vakker ting. Alle lengter etter *sjahada*. Hva kan være søtere enn å komme til paradiset?» sa den elleve år gamle jenta Walla på et palestinsk TV-program. Da hun fikk et spørsmål om hva hun foretrekker hvis valget står mellom fred og rettigheter for det palestinske folket

---

69 «Suicide terror & Shahada», Jerusalem: Palestinian Media Watch, http://www.palwatch.org/main.aspx?fi=565.
70 Kill a Jew, Go to Heaven, side 4.
71 Ibid., side 5.

ISRAEL OG NASJONENE: BOK 1

eller *sjahada*, svarte hun: «*Sjahada*. Jeg vil få mine rettigheter etter at jeg er blitt en *sjahid* [martyr].»[72]

En amerikansk jødisk journalist som besøkte flyktningeleiren Balata, fikk et sjokk da en palestinsk gutt nektet å tro at han virkelig var jøde. «Hvorfor tror du meg ikke?» spurte journalisten. «Fordi du ikke ser ut som en gris eller en apekatt. Jøder ser ut som enten griser eller apekatter,» var guttens oppriktige svar.

Gutten forklarte at han hadde fått lære på skolen at Allah var sint på jødene, og derfor gjorde han dem til griser og apekatter. Han hadde også lært at jødene drepte muslimer, stjal palestinernes land og førte en krig for å tilintetgjøre det palestinske folket.[73]

Det å utsette barn for slik krigersk propaganda, er i seg selv en grusom forbrytelse mot de små barnas uskyldige verden. Små barn har rett til å bli beskyttet for alt som har med krig, terror og vold å gjøre, og det å utsette et barnesinn for slik ondsinnet propaganda, er ufattelig sett med vestlige øyne.

Da er man enda mer sjokkert over at vestlige land ikke har tatt affære på dette området i løpet av de 18 årene som PA har servert slik ondskap. Det er ingen hemmelighet at de palestinske barna er blitt servert slik voldelig propaganda, men allikevel har vestlige regjeringer fortsatt med å pumpe millioner av dollar inn i Fatah og PA som om alt var fryd og gammen. Man skulle tro at Norges regjering i likhet

---

72 Palestinian Media Watch, http://www.palwatch.org/site/
modules/videos/popup/video.aspx?doc_id=446.
73 Aaron Klein, *The Late Great State of Israel*, side 109.

med andre vestlige regjeringer burde sette bremsene på og kreve en endring i den palestinske utdanningen før man fortsetter med å pøse såkalte «nødhjelpspenger» inn i myndigheter som voldtar barnas følelser på denne måten. Men den norske regjeringen har, i samarbeid med EU, USA og andre land, valgt å ignorere den palestinske antisemittismen og fortsette med å finansiere de palestinske selvstyremyndighetene som om ingenting er skjedd.

Men samtidig som den antisemittiske skolegangen er et overgrep mot barna i seg selv, er det enda mer illevarslende hva dette vil bety for muligheten for fred i framtiden.

I skrivende stund er det cirka 18 år siden terroristene i Fatah og PLO tok over styret på de palestinske skolene. Dette betyr i praksis at alle palestinske barn og unge voksne som er tjuefem år eller yngre, har i løpet skoleårene sine blitt foret med Fatahs antisemittiske propaganda på skoler, i TV-programmer og på sommerleire.

Jeg tror ikke at du forstod den setningen jeg nettopp skrev og hvor alvorlig den er. La meg derfor gjenta det med en ny, omskrevet setning:

Alle palestinske barn og unge voksne som er under tjuefem år har gått på en skole som er drevet av terrorister, som har «lært» dem at jødene er barn av griser og apekatter, som har «lært» dem at jødene har skylden for alle verdens kriger, og som har indoktrinert dem med tanken på at den høyeste lykken i verden er å få gi sine liv i den «hellige» krigen mot jødene. De er blitt opplært til å tro at det

93

er bedre å dø i en «hellig krig» enn å leve i fred med jødene.

Dette er et resultat av Oslo-prosessen.

Her snakker vi altså om cirka halvparten av alle palestinere som lever i dag. Omtrent halvparten av alle palestinere i Judea, Samaria og på Gazastripen har fått sin utdannelse av terrororganisasjonene Fatah og Hamas. Halvparten av alle palestinere er blitt opplært til å tro at Allah vil at de skal gi sine liv som terrorister i krigen mot jødene.

Denne gruppen er allerede en viktig maktfaktor i det palestinske samfunnet. Når palestinske ungdommer begir seg ut på gater og streder rede til å ty til vold, kan vi se fruktene av denne skolegangen. Men disse palestinerne kommer til å bli en enda mektigere gruppe etterhvert som de eldre palestinerne dør – de som fikk en mer moderat utdannelse da Israel hadde administrasjonen over territoriene fra 1967 til 1993 – og de yngre palestinerne tar over styringen i samfunnet.

Etter Annapolis-konferansen i 2007 nådde den antisemittiske propagandaen på palestinsk TV nye høyder. «I løpet av de elleve årene som PMW har eksistert, har det aldri vært noen periode med en slik intensiv demonisering av Israel, vedvarende oppmuntring til hat og fornektelse av Israels eksistens av PA og de medier som Abbas kontrollerer, som under perioden etter Annapolis-konferansen,» sto det i en rapport fra Palestinian Media Watch.[74]

---

74 Israel National News, 31 oktober 2008.

I løpet av det første året etter Annapolis-konferansen påstod Fatahs massemedier blant annet at Israel med vilje smittet araberne med aids, at de distribuerte narkotika til arabere, at de myrdet arabiske babyer, at de hadde planer på å sprenge Al-Aqsa moskeen, at de hadde sluppet løs flere kasser med rotter i det muslimske kvartalet i Gamlebyen i Jerusalem, at de gjennomførte et Holocaust mot arabiske barn, og mange andre uhyrlige påstander.

PMW tilføyde dessuten at Norge har sendt økonomisk bistand direkte til Abbas, og at Abbas har direkte kontroll over de palestinske massemediene. «Dermed finansierer norske penger palestinsk TV og aviser og alt hatsk materiale,» skrev PMW.

Faktum var at bare i 2008 sendte Norge 790 millioner kroner til PA.

Det er lite smigrende for oss nordmenn å innse at den norske regjeringen faktisk har deltatt i finansieringen av denne antisemittismen og rasismen. Den norske regjeringen har altså betalt for å indoktrinere palestinske barn med hat, rasisme, vold og et ønske om å dø i en hellig krig. Den norske regjeringen har betalt for å oppfostre en hel generasjon palestinere som ikke har noen interesse av å leve i fred med jødene. Den norske regjeringen har betalt for å gjøre konflikten mellom jøder og arabere enda verre enn den allerede er.[75]

De kristne palestinerne måtte betale en ekstra høy pris for de palestinske selvstyremyndighetenes

75 Denne finansieringen av terror og antisemittisme er noe som alle norske regjeringer har deltatt i siden 1993.

95

forbrytelser. Selv om mange israelske jøder ble drept av terrorister som fikk innpass i de palestinske territoriene som et resultat av fredsprosessen, ble de kristne palestinske araberne enda hardere rammet av terroristenes inntog.

For noen år siden traff jeg en palestinsk kristen kvinne, som vi i denne boka kan kalle for «Nadja». Nadja bodde i Betlehem, byen der Jesus ble født og en by som kanskje er mer forbundet med navnet Jesus enn noen annen by på jorden.

Nadjas familie hadde bodd i Betlehem i flere hundre år, men etter at Fatah kom til makten i byen, var livet blitt uutholdelig for de kristne innbyggerne der. Hun fortalte meg at de kristne begynte å pakke sakene sine med en gang PLO kom til makten, og at emigrasjonen bare hadde økt etter at terrorkrigen begynte i september 2000.

Nadja påpekte at i Fatahs Betlehem var det muslimene som hadde kontrollen over alt. De hadde kontrollen over domstolene, veiene, bankene, skolene og kommunen. Og på grunn av dette, diskriminerte myndighetene ofte mot de kristne innbyggerne, og de kristne i byen var alltid redde for sine muslimske naboer.

Nadja fortalte videre at de våpnene som Israel og verden hadde gitt PA, var blitt vendt mot de kristne palestinerne, og nettopp derfor var forfølgelsen mot de kristne blitt mye mer alvorlig enn det som hadde pågått under Intifadaen. «Det finnes mange fanatiske mennesker som har våpen i dag. Hvis du sier eller gjør noe mot det de vil, vil det sette deg i fare,» hevdet Nadja. «Hvis vi hadde hatt et valg, ville vi ikke ha bodd her,» innrømmet Nadja.

Resultatet av alle problemene er at de fleste kristne familier i byen er fattige, og mange av de arbeidsløse og fattige kristne er blitt nødt til å selge eiendommene sine. Muslimene i Judea fikk derimot økonomisk støtte fra de rike oljeproduserende statene i Persiagulfen, og med disse pengene kunne de kjøpe alle de eiendommene de ville.

I Jesu fødeby, Betlehem, var det en gang en kristen majoritet, men i dag er det bare en liten gruppe kristne igjen i byen. I 1948 var rundt 85 prosent av befolkningen kristne, men etter den massive flukten de siste årene var kun 15 prosent av befolkningen kristne i 2008.[76]

Det som er skjedd i Betlehem, er ingen overraskelse for dem som har fulgt med i begivenhetene blant palestinerne. Så snart Arafat fikk kontrollen over Betlehem, sparket han alle de kristne politikerne i byen og innsatte muslimer som sverget troskap mot ham selv. Han utnevnte en muslimsk guvernør ved navn Muhammed Rashad A-Jabar og oppløste kommunerådet, der det tidligere satt ni kristne og to muslimer. Så konfiskerte han et greskortodoks kloster ved siden av Fødselskirken og benyttet det som sin egen private residens.

Han utvidet også byens grenser slik at 30 000 muslimer i tre flyktningleire i nærheten plutselig var

76 Gil Ronen, «Muslims Continue Pushing Christians Out of Bethlehem», Israel National News, 12 september 2008.

en del av Betlehems befolkning, og muslimer fra Hebron ble oppfordret til å flytte til Betlehem.

Siden den gang er kristne blitt utsatt for regelmessig forfølgelse. Bevæpnede grupper holder militante demonstrasjoner og tog ute på gatene, med våpen som de har fått fra de kristne amerikanske presidentene Clinton og Bush. Kristne butikker er blitt plyndret, og kristne er også blitt angrepet i sine hjem. Noen ganger har palestinske terrorister skjult seg i kristne bydeler og skutt mot israelske mål herfra for å lokke israelerne til å skyte tilbake mot de kristne hjemmene.

«De har brent ned butikkene våre, bygd moskeer foran kirkene våre, stålet eiendommene våre og tatt rettighetene våre. Kvinner er blitt voldtatt og kidnappet,» sa en kristen leder til Aaron Klein.[77]

Samtidig som skattebetalere i Norge, Sverige, USA og andre «kristne» nasjoner har betalt millioner og atter millioner av dollar til de muslimske palestinske myndighetene, har ingen forsøkt å hjelpe de kristne palestinerne i Betlehem.

De palestinske terroristene har også klandret de kristne i Betlehem fordi de ikke har deltatt i den hellige krigen mot Israel. «Kristent blod er ikke blitt spilt, kun muslimsk blod ... Muslimer har gitt sine barn til saken, men kristne har ikke gjort det,» forklarte en protestantisk pastor.[78]

---

77 Aaron Klein, «Muslim grinches steal Bethlehem Christmas», WND, 25. desember 2005, http://www.wnd.com/news/article.asp?ARTICLE_ID=48064

78 Justus Weiner, *Human Rights of Christians in Palestinian Society*, Jerusalem Center for Public Affairs, 2005, side 8.

Kristne butikkeiere er blitt offer for utpressing og blitt tvunget til å betale bestikkelser til de palestinske terroristene. En kristen kafeeier i Betlehem som nektet å betale, ble skutt i øyet. En armensk gullsmed ble tauet inn på et politikontor på Gazastripen der han fikk juling i mellom åtte og ni timer før politiet tok klokka hans, ringene, halvparten av gullet og alle kontantene han hadde.

Kristne kvinner forteller at de ikke lenger tør å gå på gatene uten at de har følge av mannlige familiemedlemmer. Kvinner er blitt voldtatt ene og alene fordi de er kristne, og unge jenter med vestlige klær, er blitt tvunget til å kle seg på samme måte som muslimske jenter. Kristne jenter og unge kvinner blir voldtatt nettopp fordi man vet at de har liten eller ingen sjanse til å bli gift når de ikke er jomfruer, og dermed blir det født færre kristne barn.

Biskop El-Assal forklarer at de palestinske terroristene hevder at når de er ferdige med jødene, vil de gå løs på de kristne: «Ekstremistene betrakter oss som fiender, akkurat som de betrakter jødene som fiender. Jeg har hørt fundamentalistiske grupper i Palestina som sier: «Etter lørdag kommer søndag[79],» og da får jeg kaldt blod i årene.»[80]

Dessverre har kristne ledere nølt med å kritisere lederne for de palestinske selvstyremyndighetene for den måten som kristne er blitt behandlet på. Da

---

79 Islamske terrorister bruker ofte et lignende språk om lørdag og søndag for å formidle tanken på at de vil kjempe mot søndagsfolket (de kristne) etter at de er ferdige med lørdagsfolket (jødene).

80 Justus Weiner, *Human Rights of Christians in Palestinian Society*, side 9.

pave Benedikt XVI traff palestinernes øverste leder Mahmoud Abbas i juni 2001, uttalte han etterpå at det var et skrikende behov for en palestinsk stat. Samtidig unnlot han helt å nevne hvordan de palestinske lederne forfølger kristne palestinere.[81]

I begynnelsen av fredsprosessens dager trodde mange kristne at dette var et utmerket anledning til å spre evangeliet blant palestinerne. Det motsatte har vært tilfelle. Oslo-avtalene ble ingen velsignelse for de som ville spre evangeliet blant palestinerne. Det er heller blitt tvert imot.

Svært få palestinere er blitt kristne siden den første Oslo-avtalen ble undertegnet i 1993, og de få som er blitt kristne, har møtt kraftig forfølgelse. Ahmad El-Achwal ble arrestert og stengt inne i en liten celle der han måtte klare seg i flere dager uten mat da han konverterte fra islam til kristendommen. Han ble også torturert, blant annet med glødende sigaretter, og akillessenen hans ble skåret opp. Etter å ha levd som et offer for diskriminering, trusler og vold i flere år, ble han til slutt skutt og drept i januar 2004.

Den 2. april 2002 tok terroristene kampen mot de kristne til et nytt lavmål. Midt under gatekamper mellom en gruppe terrorister og de israelske sikkerhetsstyrkene i Betlehem, flyktet 200 palestinere – både terrorister og sivile – inn i Fødselskirken i Betlehem der de forskanset seg.

Ayman Abu Eita, som var sjef for terrorgruppen Al Aqsa-martyrenes brigader i nabobyen Beit

---

81 Gil Ronen, «Pope Meets Abbas, Keeps Quiet on Cleansing of Christians», Israel National News, 5. juni 2011.

Sahour, innrømte at Arafats palestinske selvstyremyndigheter hadde bedt terroristene om å søke dekning der for å lokke israelerne til en kamp rundt kirken der kristendommens grunnlegger ble født for 2000 år siden. «Sammensvergelsen handlet om å skape en beleiring og plassere alle stridsmenn inni kirken slik at Israel ville starte en beleiring. Folk fra de palestinske selvstyremyndighetene samarbeidet med denne sammensvergelsen,»[82] sa Eita.

Inne i kirken fantes det 49 kristne prester, og de palestinske terroristene holdt de kristne prestene som gisler. Terroristene forskanset seg i kirken i over en måned. De sov på de komfortable sengene som fantes i leilighetene inne i kirken, mens de sivile måtte sove på det kalde steingulvet i kirkens sal. Terroristene spiste opp all mat som var i kirken og drakk vin og øl, på tross av at det er forbudt for en muslim å nyte alkohol. Dessuten stjal de gull, bønnebøker og kors som de fant i kirken. Etter at beleiringen var over, hevdet katolske prester at noen av terroristene også hadde revet opp bibler og brukt dem som toalettpapir.[83]

Hvem bryr seg om de kristne palestinerne? Det terrorregimet som Yasser Arafat og hans kumpaner i Fatah og PLO har bygd opp i de palestinske selvstyrte områdene i løpet av de siste 18 årene, har konsekvent forfulgt de kristne palestinerne slik at kristendommen er i ferd med å bli utryddet fra Jesu

---

82 Aaron Klein, *Schmoozing with Terrorists*, Los Angeles: WND Books, 2007, side 21.
83 Ibid., side 22-24.

fødeby, Betlehem. Oslo-avtalene, som strider mot Guds ord og Guds planer for jødene og Israels land, er også blitt en forbannelse for de palestinske araberne og et direkte hinder for evangeliets spredning blant dem.

Kapittel 10
Kaos på Gazastripen

I juli 2000 ble Israels statsminister Ehud Barak og palestinernes leder Yasser Arafat invitert til å komme til den amerikanske presidentens feriebolig på Camp David for å forhandle om en endelig fredsavtale som ville sette den siste sluttstreken for alle fiendtligheter mellom Israel og palestinerne.

Selve hovedmålet ved toppmøtet var å opprette en palestinsk stat i Judea, Samaria og på Gazastripen, og i gjengjeld skulle palestinerne skrive under på en endelig fredsavtale der de gjorde avkall på alle videre krav mot Israel og gi et løfte om at de ville leve i varig fred med den jødiske staten.

I forhandlingene krevde Yasser Arafat at alle palestinske flyktninger skulle ha rett til å «vende tilbake» til de hjemmene der deres besteforeldre eller oldeforeldre bodde før krigen i 1948. Dette kravet ville i praksis bety at palestinerne ville få tre stater. I Jordan er palestinerne allerede i dag i majoritet. Barak tilbød dessuten Arafat en palestinsk stat i Judea, Samaria og på Gazastripen der befolkningen nesten utelukkende ville være palestinske arabere. Og hvis mer enn fire millioner

103

palestinske flyktninger i tillegg skulle få rett til å bosette seg i Israel, ville det landet også automatisk få en palestinsk arabisk majoritet.

Alle som studerer den arabisk-israelske konflikten, forsto at Israel ikke under noen omstendighet kunne gå med på en slik avtale. Dette ville jo i praksis bety at den jødiske staten tok selvmord.

Dermed endte toppmøtet som en fiasko, og Yasser Arafat reiste umiddelbart tilbake til Gazastripen der han ble mottatt som en helt og begynte å forberede seg på en terrorkrig som ville begynne senere samme høst. Og i slutten av september brøt krigen ut for fullt. De våpnene som Fatah egentlig hadde fått fordi de skulle opprette en politistyrke for å holde ro og orden i de palestinske byene, ble isteden vendt mot jødene. Selvmordsterrorister i flokk og rad sprengte seg selv i lufta på israelske busser, markeder, kafeer og restauranter. Terroristene på Gazastripen begynte å sende et regn av granater og raketter over den israelske byen Sderot og landsbyene i Gusj Katif. Overalt i Israel spredde de palestinske terrororganisasjonene død og ødeleggelse.

Den israelske regjeringen, som hadde forberedt seg på en fredsavtale med palestinerne, var ikke forberedt på det blodbadet som nå utspilte seg på Israels gater. Men etterhvert ble det israelske samfunnet tvunget til å investere millioner av sjekel for å prøve å beskytte seg mot den verste terrorismen. Alle banker, supermarkeder, kjøpesentre, hoteller og større butikker i Israel ble nødt til å installere metalldetektorer ved inngangene og ansette vakter som kunne forhindre at eventuelle terrorister ville få innpass. Det nasjonale busselskapet, Egged, ble også nødt til å investere store pengesummer i bevæpnede vakter på bybussene i Jerusalem og andre israelske byer.

Terrorkrigen satte israelerne i en posisjon der de ble nødt til å velge mellom å opprettholde de menneskelige rettighetene for sin egen sivilbefolkning eller for palestinerne. Regjeringen innså snart at hvis den israelske sivilbefolkningen skulle ha rett til å leve, som er den mest grunnleggende av alle menneskerettigheter, ville de bli nødt til å begrense bevegelsesfriheten for palestinerne.

Et resultat av dette var at de begynte å bygge en 760 kilometer lang barriere rundt Judea og Samaria,[84] ettersom de var overbevist om at denne barrieren ville hindre selvmordsterroristene fra å nå de israelske byene. Barrieren forårsaket naturligvis problemer for lokale palestinske bønder, som i noen tilfeller fant ut at hjemmet og jordene deres lå på hver sin side av barrieren.

De palestinske bøndene som havnet i denne situasjonen, hadde en mulighet til å henvende seg til Israels høyesterett, og noen av dem oppnådde det resultatet de ville da høyesterett beordret regjeringen til å endre på hvor barrieren ble bygd. Andre arabiske bønder, og andre arabere som hadde et behov for å reise fram og tilbake der gjerdet sto,

---

84 Mesteparten av denne barrieren er et gjerde, men noen deler av den består av en mur.

105

måtte pent finne seg i å leve med konsekvensene av den nye barrieren.

Men på tross av at Israels regjering holdt fast ved at barrieren bare var midlertidig, og på tross av at regjeringen inviterte de palestinske representantene i PLO og Fatah til forhandlinger om en endelig fredsavtale som meget vel kunne bety at barrieren ville bli fjernet eller flyttet, nektet Arafat til og med nå å gi etter i terrorkrigen mot Israel.

Terrorkrigen betydde også at mange turister kansellerte sine planer på å reise til Det hellige land. I løpet av et par år kollapset antallet turister som ankom Israel. Under de første ni månedene i 2000 e.Kr. fikk Israel besøk av godt over 200 000 turister hver måned, men to år senere, da terrorkrigen var på sitt verste i 2002, var dette tallet redusert til 70 000 per måned.

Turistinntektene svant hen for både jøder og arabere, men det var antagelig araberne som ble hardest rammet av denne turisttørken. Årsaken var at mange av de turistene som fortsatt kom til landet, betraktet seg selv som venner av Israel som kom nettopp fordi de ville støtte Israel og jødene. Og selv om palestinerne antagelig har langt flere «venner» ute i verden enn det Israel har, glimret palestinernes «venner» med sitt fravær.

Siden de fleste utlendinger hadde sett TV-bilder om hvordan terrorister fra Fatah, Hamas og andre terrororganisasjoner herjet vilt, var det utenkelig å besøke en av de byene der terroristene hadde kontrollen. Dermed ble tidligere turistmagneter som Betlehem og Jeriko helt tømt for turister. Og siden det ble innført forbud mot at israelere kunne reise til områder der de palestinske selvstyremyndighetene hadde kontrollen, betydde det at ingen israelere kunne besøke kasinoet i Jeriko, der araberne tidligere hadde tjent penger som gress.

Situasjonen for araberne ble bare verre ved at mange personer rundt omkring i verden begynte å boikotte Israel og israelske varer.

I de palestinske områdene bruker man fortsatt den dag i dag israelske sjekel som betalingsmiddel. Israel er den viktigste handelspartneren for de palestinske bedriftene som driver med eksport. I tillegg har mange palestinere helt siden 1967 hatt jobber i Israel med israelsk inntekt, noe som har tilført den palestinske økonomien store summer med hard valuta.

Den palestinske økonomien har ikke bare vært direkte avhengig av den israelske økonomien. Man kan til og med si at den palestinske og den israelske økonomien nærmest er integrert. Når etterspørselen vokser i Israel, betyr det at palestinernes inntekter og mulighet til å finne jobb øker. Det motsatte er selvfølgelig sant når etterspørselen synker i Israel. Og siden palestinerne er de fattigste og svakeste innenfor den felles israelsk-palestinske økonomien, var det naturlig nok de som ble hardest rammet da mange bestemte seg for å boikotte israelske varer.

Selv om israelerne ofte blir framstilt som «den store stygge ulven» som forsøker å ruinere palestinernes økonomi, er sannheten den at Israel bidrar mye mer til palestinske arbeidsplasser enn noe annet land gjør. Da jeg arbeidet med dette verket, leste jeg en rapport hos det offisielle palestinske nyhetsbyrået WAFA om at 90,3 prosent av all palestinsk eksport i juli 2011 var til Israel.[85] I rene tall betyr det at for hver dollar som alle verdens nasjoner bidrar med til den palestinske økonomien, så bidrar israelerne med ni dollar.

Den israelske regjeringen ble nødt til å bruke enorme pengesummer på å bekjempe terroren, og store verdier gikk tapt i terrorangrep på busser, restauranter og andre mål. For å kunne betale regningen, bestemte den israelske regjeringen seg for å dra ned på barnetrygden og andre kostnader som kom store familier til gode. Og siden de israelske araberne og beduinene i snitt hadde flere barn enn de israelske jødene, betydde det at de tok det meste av smellen da regningen for kampen mot terror skulle betales.

Skarer av palestinske arabere mistet også de godt betalte jobbene de hadde inne i Israel ettersom mange av dem mistet tillatelsen til å reise til Tel Aviv og Haifa for å jobbe der. Kun ti år i forveien, før Oslo-avtalene ble undertegnet, hadde grensene vært helt åpne for trafikk i begge retninger, men den inntektskilden var nå blitt et fjernt minne. Og nå som israelerne ikke lenger kunne ansette palestinske arabere, begynte de isteden å importere fremmedarbeidere fra Romania, Thailand, Filippinene og andre relativt fattige land.[86] Dermed

---

85 «90.3% of Palestinian Exports are to Israel», Palestine News & Info Agency WAFA, 28. september 2011.

86 Denne prosessen begynte allerede på 1990-tallet, men tok fart etter at terrorkrigen begynte i september 2000.

ble den israelske økonomien mer uavhengig av de palestinske araberne.

Fatah har aldri vært mors beste barn, og helt siden fredsprosessen begynte har Fatah jobbet for å skape et juridisk rammeverk for å diskriminere mot ikke-muslimer. «*Sjaria* skal være den primære kilden til lovverket,» står det i utkastet til en konstitusjon for den planlagte palestinske staten.[87] De palestinske selvstyremyndighetene sier altså klart og tydelig at *sjaria* skal ha prioritet over alle andre kilder, inkludert menneskerettighetene. Og ifølge *sjaria* har ikke kristne, eller personer som tilhører andre religioner, samme rettigheter som det muslimer har.

Da er det ikke rart at skarer av palestinske kristne har flyktet fra disse områdene etter at terroristene tok over kontrollen

Som om ikke det var ille nok, har den radikale terrororganisasjonen Hamas fått mer og mer makt i de palestinske områdene. Det er bare noen få år siden Hamas og Islamsk jihad for første gang fikk sine representanter inn i kommunestyret i Betlehem, men på kort tid har Hamas fått overtaket. Og da det ble holdt valg på den palestinske lovgivende forsamlingen, PLC, i januar 2006, fikk Hamas 74 av de 136 mandatene.

Hamas har fått en spesielt sterk stilling på Gazastripen, og den stillingen brukte de til å terrorisere de rundt 8000 jødene som bodde der da terrorkrigen brøt ut i 2000. Det hadde bodd jøder i

---

87 Justus Weiner, *Human Rights of Christians in Palestinian Society*, side 4.

Gaza i over 2000 år, men da terrorkrigen tvang den israelske regjeringen til å bruke enorme pengesummer og skarer av israelske soldater på å beskytte de jødiske innbyggerne på Gazastripen, bestemte statsminister Ariel Sharon at tiden var inne for å kaste ut den jødiske sivilbefolkningen på stripen fra hjemmene sine.

Han gjorde dette i tro på at både jøder og arabere ville få et bedre liv når det ikke bodde noen jøder på Gazastripen lenger og de palestinske araberne der ville være fri til å styre sine egne liv slik de selv fant det for godt. Det var dessuten en desperat handling som ble utført fordi de hedenske nasjonene i verden krevde at Israel måtte gi etter for palestinernes krav og hjelpe til med å legge grunnlaget for opprettelsen av en palestinsk stat.

Resultatet var at nærmere 10 000 sivile jøder ble kastet ut fra hjemmene sine i den israelske enklaven Gusj Katif i den sørlige enden av Gazastripen, og fra hjemmene sine i fire israelske landsbyer i den nordlige delen av Samaria.

Før tilbaketrekningen fant sted, ble det spekulert i at de palestinske selvstyremyndighetene kunne benytte seg av denne anledningen til å skaffe flere tusen palestinske flyktninger anstendige boliger. Selv om det «bare» hadde bodd noen få tusen israelere i Gusj Katif, var det plass til mange flere på sanddynene lengst sør på Gazastripen.

Men dessverre for flyktningene ble det aldri noe av disse planene. Med en gang Israel hadde trukket seg ut av Gush Katif, rykket terrororganisasjonene inn. De plyndret området, og deretter begynte

Hamas å bruke Gusj Katif som en treningsleir for terrorister.

Hamas hadde allerede på forhånd advart om at de ville gjøre dette. En talsmann for en av terrororganisasjonene, Muhammad Abdel-Al, sa at Hamas ville bruke synagogen i Neve Dekalim og de andre ruinene i byen som utskytningsplattformer for raketter mot israelske mål. «Vi er stolte over å kunne omgjøre dette landet, spesielt de delene som i lang tid var et symbol på okkupasjon og urettferdighet, slik som synagogen, til en militær base og kilde til ild mot sionistene og den sionistiske enheten,» sa Abdel-Al til en amerikansk journalist.[88]

Mange palestinere mistet også levebrødet da de jødiske innbyggerne forsvant. På disse ufruktbare sanddynene hadde jødene bygd det nest største gartneriet i hele Midtøsten, der de produserte økologiske grønnsaker av beste kvalitet. Over hele Europa kunne man kjøpe økologiske produkter fra Gusj Katif, og meieriet her var også et av de største i hele Israel. Og selv om det nå var forbudt for de palestinske araberne å reise til Israel for å finne seg en jobb der, var det fortsatt lov å jobbe i de israelske bosettingene i Gusj Katif. Og de palestinske araberne og beduinene på Gazastripen var ivrige etter å jobbe i de israelske drivhusene i Gusj Katif, der de fikk god lønn og hadde bra arbeidsforhold.

Men da Hamas tok over kontrollen, var blomstringstiden på Gazastripen over, og de fleste

---

88 Aaron Klein, *The Late Great State of Israel*, side 47.

araberne som en gang hadde hatt en jobb i Gusj Katif, mistet jobbene sine.[89]

Etter at Israel hadde trukket seg ut derfra, fikk Hamas mesteparten av «æren» for å ha kastet ut israelerne. Dermed kom det ikke som noen stor overraskelse at det nettopp var Hamas som vant valget til den palestinske lovgivende forsamlingen i januar 2006. Nå fikk plutselig Hamas kontrollen over PLO og PA, de palestinske selvstyremyndighetene.

Samtidig ble tvisten mellom Fatah og Hamas trappet opp. Nå som jødene var borte, utviklet det seg snart til en regelrett borgerkrig mellom de to gruppene på Gazastripen.

I løpet av de kommende årene ble skarer av palestinere drept i borgerkrigen, og våpen som USA sendte for å støtte Fatahs styrker i krigen, endte opp på begge sider av konflikten og bidro til tapstallene blant terrorister og sivile palestinere. I løpet av ei uke i juni 2007 ble minst 120 personer drept og 550 såret i kampene på Gazastripen. En Fatah-offiser ble kastet ut fra femtende etasje i det høyeste huset i Gaza. Noen timer senere kastet Fatah ut et Hamas-medlem fra en tolv etasjer høy bygning. Flere titusen palestinere flyktet fra Gazastripen i løpet av denne perioden.

Da Hamas til slutt fikk total kontroll over Gazastripen i juni 2007, ble situasjonen for de kristne helt uholdbar. Helt siden Israel trakk seg ut

---

89 Det finnes fortsatt blomsterproduksjon på Gazastripen, men den ble kraftig redusert etter at de israelske jødene ble kastet ut fra området.

fra Gazastripen i september 2005, har islamistiske grupper slått til mot kristne institusjoner, kastet brannbomber mot kirker og kristne bokhandlere, og til og med skutt mot en skole drevet av FN siden de kritiserte organisasjonen for å spre kristendommens lære![90]

Hamas satte selvfølgelig terrorismen og kampen mot Israel i høysetet. På Islamic University på Gazastripen kunne Hamas rekruttere terrorister, og flere av gruppens medlemmer studerte kjemi på universitetet slik at de kunne hjelpe til med å produsere sprengstoff og selvmordsvester.[91]

Da krigen mellom Israel og Hamas var på det verste i desember 2008 og januar 2009, var Hamas interessert i å bruke store sivile tapstall som propaganda samtidig som de begrenset sine egne tapstall.

Dermed begynte Hamas å benytte seg av sivile palestinske arabere som såkalte «menneskelige skjold». «Hele familier i Gaza bodde oppå ei tønne med sprengstoff i flere måneder uten at de visste om det,» fortalte general Eyal Eisenberg. Han hevdet videre at Hamas hadde sendt kvinner og barn for å transportere våpen til terrorister som var i kamp med israelerne.[92]

I en av kampene i byen Jabaliya hadde Hamas lokket de israelske styrkene inn i de befolkede sivile områdene. Der skjøt de mot de jødiske soldatene fra forskjellige hjem mens det var kvinner og barn i

---

90 Aaron Klein, *Schmoozing with Terrorists*, side 149.
91 Aaron Klein, *The Late Great State of Israel*, side 196.
92 Ibid., side 193-194.

leilighetene. En annen gang sendte Hamas en cirka ti år gammel gutt ut på slagmarken for å hente et gevær fra en terrorist som hadde falt og gi det til en annen terrorist.[93]

Hamas tok over kontrollen på Gazastripen på tross av at både Israel og verdens supermakt nummer en, USA, sto på Fatahs side og forsøkte å støtte Fatah i kampene. Hamas har allerede infiltrert Fatahs rekker også i Judea og Samaria, og det er liten tvil om at hvis det en gang vil bli opprettet en palestinsk stat i disse områdene, vil Hamas ganske enkelt kunne ta kontrollen over denne staten. Det lover ikke godt for de palestinske arabiske innbyggerne i Judea, Samaria og på Gazastripen, for livet der vil bli noe helt annet enn det som er situasjonen for de israelske araberne.

Samfunnet i det moderne Israel ligner på mange måter på hvordan det ser ut i vestlige land. Israel er et land der alle innbyggere, og alle som kommer på besøk, har frihet til å leve ut sine lyster akkurat som de vil, bare det ikke går ut over uskyldige mennesker. Mange av de samme «verdiene» og «rettighetene» som vestlige regjeringer er så opptatt av, står også høyt i kurs på gatene i Tel Aviv.

Blant de palestinske muslimene, derimot, er situasjonen en helt annen. Denne befolkningen er mye mer tradisjonell, og her er moralpolitiet mye mer aktive enn de er i Oslo eller Malmö. Utenomekteskapelige relasjoner kan fort føre til at livet blir kortere enn man hadde tenkt seg.

---

93 Ibid., side 194.

114

Dette betyr blant annet at homoseksuelle arabiske menn som bor i Jerusalem, går over til de jødiske bydelene i Jerusalem når de vil flørte med personer av samme kjønn. Israel tolererer slik oppførsel, men det er forbundet med livsfare å gjøre slike ting åpenlyst i de arabiske bydelene.

Dersom det en gang i framtiden blir opprettet en palestinsk stat, er det ingen tvil om at Hamas vil sette inn alle ressurser for å innføre *Sjaria*-lovene i denne staten. Det er åpenbart en fare for at alle homoseksuelle palestinere i så fall kan bli et hode kortere. Det kan føre til at alle kvinner i realiteten vil bli *de facto* slaver for sine ektemenn. Mannen kan få all makt over sin kone, og kvinner kan bli straffet med piskeslag eller stokkeslag for en så banal «forbrytelse» som å være kledd i olabukser. Dessuten kan det bli innført totalforbud mot å servere eller drikke alkohol, alle barer og klubber vil bli stengt, og det vil være totalt forbudt å lytte til dekadent amerikansk musikk eller å se på moralsk forkastelige amerikanske filmer. Det er kun islamsk kultur som vil bli tolerert.

Sjeik Yasser Hamad fra Hamas forklarte hvilken strafferamme de vil benytte seg av dersom de får innføre *Sjaria*-lovene:

«Prostitusjon: ett hundre piskeslag. Hvis den prostituerte var gift, vil han eller hun bli steinet til døde. For en tyv, vil hånden bli skåret av.» Hamad forklarte også at prostitusjon ikke bare betyr at man selger sex, men at prostitusjon betyr alle utenomekteskapelige seksuelle forhold. Han forklarte dessuten at den perfekte løsningen for å unngå prostitusjon, er å tvinge alle til å gifte seg mens de fortsatt er unge.[94]

Som om ikke dette var ille nok, må alle homoseksuelle palestinske arabere finne seg i en kanskje enda tøffere behandling. «Disse syke menneskene vil bli behandlet på en meget tøff måte,» innrømte terroristen Nasser Abu Aziz fra Al Aqsa-martyrenes brigader.[95]

Det er ironisk at partier på venstrekanten i Norge kjører på for å tilrettelegge for det de kaller for «likestilling» mellom kjønnene og for de «homoseksuelles rettigheter» i Norge, og at de samtidig presser på for at det skal opprettes en palestinsk stat og for å anerkjenne Hamas. Det finnes kanskje ingen annen «politisk» bevegelse i hele verden som er mer diametralt motsatt av de norske sosialistiske partienes moralske politikk, enn det Hamas er, og det er ingen tvil om at Hamas vil sette en rød strek over alt som heter «likestilling» og «de homoseksuelles rettigheter» blant palestinerne.

Det som er enda mer sjokkerende i denne situasjonen, er at mange av disse terroristene betrakter kampen mot Israel som et første skritt i kampen for å vinne herredømme over hele verden. Lederen for den islamistiske ekstremistiske organisasjonen Al Muhajiroun, sjeik Omar Bakri Muhammad, forklarte at alle muslimer over hele verden må jobbe for å «grunnlegge en islamsk stat

---

94 Aaron Klein, *Schmoozing with Terrorists*, side 10.
95 Ibid., side 11.

hvor som helst i verden, til og med i Storbritannia».[96] Ifølge disse ekstremistiske muslimene er Hamas sin kamp mot Israel, al-Qaedas kamp mot USA og de andre islamske terroristenes kamp mot forskjellige land verden over forskjellige sider av samme sak. Målet med denne *jihad*, eller hellige krigen, er at hele verden skal underkaste seg islam, og at Koranen og *Sjaria*-lover skal erstatte de grunnlovene som eksisterer i de forskjellige selvstendige statene, inkludert Norge.

Og når dette er skjedd, vil man tvinge alle mennesker over hele verden til å leve etter den islamske moralske standard.

«*Sjaria*-reglene er tydelige, og ifølge disse reglene må kvinner være tildekket. Det er vår religions krav,» innrømte sjeik Abu Saqer, som var med på å grunnlegge terrororganisasjonen Islams sverd på Gazastripen. Det finnes mistanker om at det var hans terrororganisasjon som lå bak et terrorangrep på en FN-skole i Gaza der gutter og jenter fikk lov til å utøve idrett sammen. «Udekkede hoder er en form for nakenhet,» mente Abu Saqer.[97]

Dersom denne mannens visjon blir en virkelighet, vil de vestlige popstjernene og filmstjernene våkne opp til en revolusjonerende ny virkelighet. Terroristen Muhammad Abdel-El forklarte hva han personlig ville gjøre hvis han traff Madonna eller Britney Spears: «Hvis jeg møter disse horene vil jeg ha æren – jeg repeterer, jeg vil

96 Ibid., side xiv.
97 Ibid., side 5.

ha æren – av å være den første som skjærer av hodene til Madonna og Britney Spears.»[98]

Hvem bryr seg om de palestinske araberne på Gazastripen? I sin iver etter å presse Israel til å kaste alle jøder ut fra de israelske bosettingene i Gusj Katif i den sørlige enden av Gazastripen, har verden skapt kaos blant araberne i området og lagt grunnlaget for at det ekstremistiske Hamas kan ruinere de palestinske arabernes liv. En ting er sikkert: Araberne på Gazastripen hadde det mye bedre da det bodde inntil 10 000 jøder midt iblant dem.

---

98 Ibid., side 15.

Kapittel 11
Obamas resirkulerte plan

Winston Churchill var den første politikeren som fikk denne ideen. Da han så hvordan araberne i Palestinamandatet reagerte med vold på begynnelsen av 1920-tallet, foreslo han at Storbritannia burde dele landet i to stater. Araberne skulle få 78 prosent av Palestina, mens jødene skulle få 22 prosent av landet. Det var en genial løsning, men det var bare ett lite problem med Churchills plan. Da araberne så at London skar bort mer enn tre fjerdedeler av landet som et resultat av terrorisme, var det bare en bekreftelse for dem at terrorisme lønte seg.

Femten år senere fikk de ytterligere bekreftelse på at terror var den rette veien å gå dersom de ville ha resultater. Peel-kommisjonen foreslo at de resterende 22 prosentene av Palestinamandatet også skulle deles inn i to stater, en arabisk og en jødisk. Araberne forkastet selvfølgelig denne planen siden det virket som om tiden var på deres side.

På samme måte forkastet de FNs delingsplan i 1947. FN vedtok delingsplanen i tro på at den ville skape fred for alle parter, men resultatet var en fryktelig krig der tusenvis av mennesker mistet livet og over en million mennesker, både jøder og arabere, ble flyktninger.

I løpet av de 19 årene som Egypt hadde kontrollen over Gazastripen og Jordan hadde kontrollen over Judea og Samaria, ble det gjort lite eller ingenting for å opprette en palestinsk stat. Men da Israel overtok kontrollen over disse områdene i 1967, forsøkte den israelske regjeringen oppriktig å legge et grunnlag for en palestinsk stat. Den israelske regjeringens bestrebelser slo også feil, og resultatet ble isteden den verste terrorkampanjen som Israel hadde opplevd inntil da. Israelske, amerikanske og europeiske fly ble kapret, flyplasser ble angrepet, ambassadører ble drept, deltakere ved de Olympiske Leker ble massakrert, og skolebarn ble slaktet ned.

Et par tiår senere forsøkte diverse representanter for den norske regjeringen å hjelpe til. Den israelske regjeringen gikk inn i en fredsprosess uten å vite hva utgangen av prosessen ville bli. PLO gikk inn i fredsprosessen med liten rød skrift om at de ville beholde retten til å vende tilbake til den væpnede kampen mot Israel på slutten av en midlertidig periode på maksimum fem år. Det tok ikke lang tid før også dette forsøket på å skape fred betydde at selvmordsterrorister fikk adgang til israelske busser og restauranter.

I 2000 kom Israels statsminister Ehud Barak og de palestinske selvstyremyndighetenes leder Yasser Arafat sammen på Camp David for å undertegne en endelig fredsavtale. På toppmøtet fikk PLO det mest generøse tilbudet som araberne i det tidligere

Palestinamandatet hadde sett siden 1947. Arafat forkastet tilbudet om en palestinsk stat, og isteden reiste han tilbake til Gaza der han begynte å legge planer for den verste terrorkampanjen som Israel noensinne hadde opplevd.

I januar 2009 kom Barack Hussein Obama til makten i Washington, D.C. Et av de viktigste slagordene under Obamas kampanje hadde vært «change we can believe in», eller «forandring vi kan tro på». Han hevdet ofte at han hadde mange nye ideer for hvordan han kunne styre landet. «Forandring kommer til Washington,» sa han på Demokratenes partikongress da han ble utnevnt til partiets kandidat for president. «Forandring skjer fordi det amerikanske folket krever det, fordi de står opp og insisterer på nye ideer og nytt lederskap, en ny politikk for en ny tid.»

Men da Obama flyttet inn i Det hvite hus i begynnelsen av 2009, skulle det vise seg at han bare resirkulerte den feilslåtte politikken som Churchill, Peel, FN, Clinton, Bush og mange andre tidligere hadde mislykkes med. Istedenfor å gå etter terroristene og sette en stopper for den virkelige volden, begynte Obama isteden å legge press på den israelske regjeringen for at de skulle gi etter for de palestinske terroristenes krav.

Bill Clinton hadde forsøkt å oppmuntre partene til å inngå en fredsavtale basert på Oslo-avtalene. Hans etterfølger, George Bush, brukte isteden det saudiske Veikartet til fred. Ifølge Veikartet skulle Israel «betale» for freden med helt nye innrømmelser, selv om de ikke hadde «fått varene» som de allerede hadde «betalt» for under Oslo-prosessen.

Nå som Obama kom til makten, kom det krav om at Israel skulle overholde sin del av Veikartet *selv om palestinerne på sin side ikke hadde gjort det de hadde forpliktet seg til.*

I første fase av Veikartet skulle palestinerne sette en sluttstrek for all vold og reformere det politiske systemet. Samtidig skulle Israel fryse utbyggingen av de såkalte «bosettingene» i de administrerte områdene. For første gang begynte den amerikanske presidenten å framsette krav om at Israel skulle stoppe all bygging av boliger i de administrerte områdene selv om palestinerne ikke hadde satt en stopper for terrorismen. Ifølge Obamas plan skulle en stopp i boligbyggingen nå være en forutsetning for at palestinerne i det hele tatt skulle gå med på å forhandle om fred.

Obama innførte dessuten en ny definisjon på uttrykket «bosettinger». Ifølge Obamas regjering var de jødiske boligområdene i den østlige delen av Jerusalem, og mange boligområder i den nordlige og sydlige delen av byen, også «bosettinger», og det skulle være like forbudt for israelerne å bygge boliger der som i resten av landet. Obama la altså press på Israel for at de skulle slutte å bygge boliger til sin egen befolkning i sin egen hovedstad. Alt dette skjedde på tross av at Oslo-avtalene hadde definert bosettinger og Jerusalem som to adskilte spørsmål.

Obama tok dermed et stort skritt nærmere Hamas' politiske standpunkt. Representanter for

Hamas har uttalt at før de er villige til å begynne fredssamtaler med Israel, må Israel først gi «tilbake» alle de landområder de «okkuperte» under Seksdagerskrigen – det vil si, Golanhøydene, Gazastripen, Judea, Samaria, Øst-Jerusalem, Gamlebyen og Tempelplassen – løslate alle palestinske fanger, og sette en sluttstrek for blokaden.[99]

Det gjenstår å se hva resultatet av Obamas politikk blir for den palestinske befolkningen, men hvis vi skal dømme etter det vi har sett de siste hundre årene, virker det som om palestinerne går en mørk framtid i møte.

Under Oslo-avtalene ga Israel ikke noe løfte om å sette en stopper for boligbygging noe sted i de administrerte områdene. I Veikartet til fred ga Israel et uformelt løfte om å stanse boligbygging i de administrerte områdene som en del av en fredsprosess. Men nå vil altså Obama at Israel skal stanse all boligbygging både i de administrerte områdene og i Jerusalem bare for å få igang forhandlinger. Obamas politikk sender klare signaler til palestinerne om at de ikke behøver å slutte fred med Israel for å få gjennomslag for sine krav.

I løpet av hele den såkalte «fredsprosessen» har vi sett gang på gang at ethvert skritt som fører palestinerne nærmere sin egen stat, samtidig bringer dem ulykke. Jo nærmere de kommer Guds plan for Israel, jo mer velsignet blir de. Jo mer palestinerne

---

99 Aaron Klein, *The Late Great State of Israel*, side 177.

blir et hinder for Guds plan for jødene og hele verden, jo mer forbannelse kommer over dem.

Før Obama ble president, hadde det foregått fredsforhandlinger mellom den israelske regjeringen og Fatah i seksten år, på tross av at Israel i hele denne perioden utvidet bosettingene. Når Obama plutselig stilte krav om at Israel måtte stanse all byggeaktivitet i bosettingene før forhandlingene kunne fortsette, var det en alvorlig ydmykelse for Fatahs lederskap. Plutselig virket det som om Obama var mer pro-palestinsk enn det Yasser Arafat og Mahmoud Abbas hadde vært. For å kunne redde sitt eget skinn, ble Abbas dermed nødt til å sette en sluttstrek for alle videre forhandlinger.

Det er kanskje ironisk at Obama dermed kanskje vil gå ned i historien som den presidenten som ga den israelsk-palestinske fredsprosessen dødsstøtet. Tiden vil vise hvilke resultater Obamas resirkulerte planer og ensidige press på Israel vil gi.

Dersom det ville ha blitt opprettet en palestinsk stat i dag, er det liten tvil om at Hamas raskt ville få makten i denne staten. De har allerede infiltrert Fatah, og mange av Fatahs nominelle medlemmer er egentlig trofaste mot Hamas. Det er heller ingen tvil om at Hamas gradvis ville ha innført en meget streng variant av *sjaria*-lovene i «Palestina».

Er det virkelig en slik framtid som den vestlige verden unner de palestinske araberne?

Hvem bryr seg om palestinerne? Det er ingen tvil om at Fatah og Hamas har skapt mer lidelse blant palestinerne enn noen andre parter har klart de siste tjue årene. Dersom man forsøker å påtvinge de palestinske araberne en stat der Fatah eller Hamas sitter ved roret, vil resultatet bare bli ytterligere lidelser og til og med død for mange palestinske arabere.

Kapittel 12
De internasjonale aktivistene

«Israel vil eksistere og vil fortsette å eksistere inntil islam vil tilintetgjøre dem, akkurat som de tilintetgjorde andre før dem.»

Slik lyder en av setningene i preambelet i charteret til terrororganisasjonen Hamas, som siden 2007 har hatt *de facto* kontroll over Gazastripen. «Vår kamp mot jødene er meget stor og meget alvorlig,» fortsetter preambelet. I artikkel åtte slår bevegelsen fast at «jihad er vår sti, og døden for Allahs skyld er den høyeste av våre ønsker».

Hamas hevder videre at alle muslimer har plikt til å delta i den hellige krigen mot den jødiske staten, og den omtaler muslimske familier som «kjempende familier». I artikkel 18 sier bevegelsen at kvinnen i hjemmet skal «oppfostre barna og fylle dem med moralske verdier og tanker hentet fra islam. Hun må lære dem å utføre de religiøse pliktene i forberedelse for den kjempende rollen som venter dem.»

Ettersom Hamas mener at enhver muslimsk familie må delta i kampen mot jødene, er det kanskje ikke så rart at de siden 2007 i praksis har benyttet sivilbefolkningen på Gazastripen som menneskelige skjold i kampen for å delegitimere jødenes rett til en nasjonalstat i jødenes historiske hjemland. Det er heller ikke overraskende at de velger å overse alle lidelser som blir påført sivilbefolkningen på den relativt tett befolkede stripen.

Allikevel lever de palestinske araberne på Gazastripen i relativ velstand sammenlignet med sivilbefolkningen i flere naboland, eller til og med sammenlignet med noen EU-land. I 2010 er forventet levealder på Gazastripen 73,68 år, et høyere tall enn for Estland, Malaysia, Jamaica eller Bulgaria. Spedbarnsdødeligheten ligger på 17,71 per tusen spedbarn, noe som er lavere enn i Jordan, Libanon, Kina eller Thailand.

Da Hamas overtok kontrollen over Gazastripen i et militærkupp i juni 2007, opprettet Israel og Egypt en militær blokade av stripen. Som årsak for blokaden, har Israel poengtert at Oslo-avtalene fra 1990-tallet ga israelerne rett til suverenitet i farvannet utenfor Gazastripen og rett til å benytte alle midler for å stoppe skip som blir benyttet til terrorisme eller andre ulovlige formål. Egypt har på sin side opprettholdt en blokade fordi Hamas er en strategisk trussel mot Egypt, siden Hamas er alliert med Det muslimske brorskapet, en radikal bevegelse som i mange år har forsøkt å undergrave den politiske stabiliteten i Egypt.

Men selv om den militære blokaden i skrivende stund har eksistert i over seks år, har den israelske regjeringen sendt mange tusen semitrailere med nødhjelp og fornødenheter til sivilbefolkningen via grenseovergangene i den nordlige enden av Gazastripen. Israel har gjort dette i samarbeid med store internasjonale organisasjoner som FN og Røde Kors og i samarbeid med den private sektoren i Gaza. Denne nødhjelpen omfatter blant annet barnemat, korn, kjøtt, melkeprodukter, poteter, egg, bier, kunstgjødsel og utstyr til gartneriene på Gazastripen. Fra januar 2009 til juni 2010 sendte Israel over en million tonn med nødhjelp inn på Gazastripen, noe som betyr at hver innbygger på Gazastripen fikk nesten ett tonn med nødhjelp i løpet av denne tiden.

Men dette betyr selvfølgelig ikke at alle innbyggere på Gazastripen lever i sus og dus. Det palestinske nyhetsbyrået Maan skrøt av det nye svømmebassenget med olympiske mål som er bygd på Gazastripen,[100] men de fortalte ikke om dette bassenget er åpent for almenheten eller om det kun er åpent for toppene i samfunnet. De forklarte heller ikke hvordan Hamas forsvarer pengebruken eller det enorme behovet for ferskvann i et område der de hevder at det er mangel på mat og vann.

Og selv om den populære guideboka Lonely Planet forteller deg at du kan «spise steak au poivre og chicken cordon bleu» i den populære Roots Club i Gaza, forteller de ikke at det først og fremst er toppene i Hamas og utenlandske journalister, FN-ansatte og ansatte i ikke-statlige organisasjoner som spiser på denne og andre fasjonable restauranter på stripen. De utenlandske journalistene stopper ofte

---

100«Gaza opens first Olympic-size swimming pool», Maan News Agency, 18. mai 2010.

og spiser på slike restauranter etter at de har rapportert om den «humanitære katastrofen» som foregår på Gazastripen.

Det er nettopp denne formen for «nyheter» som inspirerte Free Gaza Movement og den tyrkiske terrororganisasjonen Insani Yardim Vakfi (IHH) til å forsøke å bryte den militære blokaden av Gazastripen i slutten av mai 2010.

I 2006 publiserte Dansk Institut for Internationale Studier en rapport der de dokumenterte hvordan IHH går for å være en ikke-statlig organisasjon, men i virkeligheten er de en terrororganisasjon med forgreininger til Al Qaeda, Hamas og terrorister i Afghanistan, Bosnia og Tsjetsjenia. De spilte dessuten en viktig rolle i et mislykket terrorangrep i samarbeid med Al Qaeda på flyplassen i Los Angeles den 31. desember 1999. Ifølge Intelligence and Terrorism Information Center har IHH først og fremst hjulpet til med å transportere våpen og penger for terrorister i Bosnia, Syria, Irak, Afghanistan og Tsjetsjenia.

Den 30. mai 2010 seilte seks skip fra Kypros på vei mot Gazastripen i et forsøk på å bryte den israelske militære blokaden av Gazastripen. Tre av disse skipene var fraktfartøyer med «nødhjelp» om bord, mens de tre andre var passasjerskip.

Det mest beryktede av skipene i flåten, passasjerskipet *Mavi Marmara*, var blitt kjøpt av IHH nettopp for å delta i forsøket på å bryte den israelske maritime blokaden av Gazastripen. Det fantes overhodet ikke nødhjelp ombord på *Mavi Marmara*, men kun mellom 600 og 700 aktivister som ville hjelpe til med å bryte blokaden. To andre mindre båter, som angivelig også skulle frakte nødhjelp til sivilbefolkningen på Gazastripen, seilte også uten noen form for nødhjelp ombord. Og på samme måte som Hamas ofte setter sivile i frontlinjen, valgte IHH å ta med flere eldre personer og barn, blant annet den ett år gamle Kaan Turker, ombord på båtene. Flere europeiske parlamentarikere, blant dem den svenske Mehmet Kaplan, var også med på IHH sitt skip.

Den israelske regjeringen rapporterte også at de blant passasjerene fant en gruppe på rundt 40 aktivister som ikke hadde legitimasjon men som kanskje var leiesoldater for Al Qaeda. Disse terroristene var utrustet med skuddsikre vester, nattbriller og forskjellige typer våpen. I tillegg hadde hver og en av dem flere tusen dollar i kontanter i lommene, som antagelig var lønna for oppdraget.

Amin Abu Rashed, en palestinsk araber som er leder for terrororganisasjonen Hamas i Nederland, var også med på skipet. Ifølge en rapport som ble publisert fra Global Muslim Brotherhood Daily Report, var Rashed «en av de øverste organisatorene for Gaza-flåten».

Da båtene var underveis, dokumenterte TV-kanalen Al-Jazeera hvordan menn og kvinner ombord på skipet messet på et gammelt islamsk krigsrop om hvordan jødene led nederlag i kamper med profeten Muhammed: «Husk Khaibar,[101]

101Khaibar var navnet på den siste jødiske landsbyen som Muhammeds hær beseiret i 628 e.Kr. Mange jøder ble

Khaibar, å jøder! Muhammeds hær vil vende tilbake!»

I timene før konvoien kom fram til israelske farvann, tok israelske myndigheter kontakt med fartøyene og inviterte dem til å legge til havn i den israelske havnebyen Ashdod, der de kunne bevitne hvordan israelerne ville frakte nødhjelpen videre til Gazastripen ved hjelp av FN og Røde Kors. Den egyptiske regjeringen tok også kontakt med konvoien og tilbød dem å legge til havn i Egypt, og senere sende nødhjelpen landeveien til Gazastripen. Men fordi Israel har erfaring med hvordan skip tidligere er blitt brukt til å frakte tusenvis av tonn med krigsmateriell til terrororganisasjonene i regionen, mente den israelske regjeringen at de ikke kunne la noen av skipene legge til kai direkte på Gazastripen. *Mavi Marmara* og de andre skipene forkastet imidlertid det israelske forslaget og fortsatte med kurs direkte mot Gaza. «Reis tilbake til Auschwitz!» var meldingen som et av skipene sendte til den israelske kystvakten.

Siden San Remos manual om internasjonal lov og mange lands maritime manualer tillater bording i internasjonalt farvann av skip som forsøker å bryte en blokade i krigstid, var det nettopp dette som det israelske forsvaret hadde planer om å gjøre.

Da den israelske marinen slo til klokka 4.30 om morgenen den 31. mai, kapitulerte fem av skipene uten å gjøre mer enn symbolsk motstand. Men på *Mavi Marmara*, der de militante aktivistene hadde

---

drept i det slaget, som betydde slutten på jødenes nærvær i Arabia.

kontrollen, var utfallet et helt annet. Minst 50 aktivister tok kontrollen over dekket før de sendte sivilistene ombord på båten under dekk mens de forberedte seg på en konfrontasjon med de israelske styrkene. Blant de militante aktivistene var det mange tyrkere i tillegg til afghanere, yemenitter og en person fra Eritrea. De var utstyrt med kodebøker, som ble benyttet for å gi ordrer seg imellom.

På en video fra *Mavi Marmaras* sikkerhetskameraer kan man se hvordan aktivistene på skipet fant fram klubber, tunge og skarpe metallrør og glassflasker, og hvordan de tok på seg gassmasker. I tillegg til de våpnene man kan se på denne videoen, var de også utrustet med lange kniver, tåregass, pepperspray, Molotovcocktails, slynger og steiner, store hammere, kjeder og skarpe metallgjenstander. Etter bataljen fortalte dessuten to av besetningen på skipet at aktivistene hadde skåret løs deler av rekkverket på skipet til jernstenger i passe lengde.

Andre videoer som det israelske forsvaret lastet opp på Youtube, viser hvordan de israelske soldatene ble angrepet da de forsøkte å borde skipet.

De israelske soldatene som bordet *Mavi Marmara*, var ikke forberedt på den volden de plutselig sto overfor. De var blitt utstyrt med paintballgeværer, og de israelske offiserene hadde gitt dem ordre om at hvis aktivistene ikke adlød ordre, skulle de skyte på beina deres med paintballgeværene. De israelske soldatene hadde også pistoler i beltet, men disse skulle kun brukes hvis de følte at det var fare for livet. «Vi kom med intensjon å stoppe skipet og føre det til Ashdod, og vi kom ikke med de våpnene vi vanligvis har,» forklarte en av soldatene, ifølge en pressemelding fra det israelske forsvaret.

«Vi forventet oss at soldatene ville bli spyttet på og kanskje slått. Vi forventet oss ikke at soldatene ville bli møtt av en mobb bevæpnet med køller, kniver og metallrør,» forklarte en av forsvarets offiserer for Jerusalem Post.

Videobilder fra bordingen viser hvordan hver eneste soldat som landet på skipet, umiddelbart ble angrepet av flere aktivister, som gikk løs på de israelske soldatene med alt det de hadde tilgjengelig av våpen. En anonym israelsk kaptein fortalte hvordan han var blitt angrepet av en gruppe på rundt 20 passasjerer bevæpnet med køller og kniver, og hvordan de hadde kastet ham ned på dekket nedenunder.

Aktivistene på skipet klarte også å stjele et antall pistoler og et gevær fra flere soldater, og snart ble de israelske soldatene beskutt med sine egne våpen mens de kun hadde paintballgeværer å forsvare seg med. Noen av dem kastet seg i vannet for å redde livet.

Da den fjerde kommandosoldaten firte seg ned mot dekket, så han hvordan en av aktivistene hadde tatt en pistol og rettet den mot hodet til en av de israelske soldatene. Den fjerde kommandosoldaten hoppet ned fra tauet, siktet og skjøt aktivisten med pistolen i hånda.

Seks minutter etter at kampene begynte, hadde de israelske soldatene fått kontrollen over dekket, men da oppdaget de at tre soldater var borte. De tre var blitt kidnappet av aktivistene og ført til en sal under dekk, der de ble holdt som fanger inntil de andre soldatene reddet dem kort tid senere.

Resultatet av konfrontasjonen var at sju israelske soldater ble såret, inkludert to som opprinnelig var i en kritisk tilstand. To av de israelske soldatene var blitt skutt, og en offiser ble stukket ned med kniv. Ni aktivister måtte bøte med livet i kampen mot de israelske soldatene.

Etter kampene fant soldatene 9 millimeters patronhylser, en kaliber som kommandosoldatene ikke bruker. Ifølge soldatene skal aktivistene ha kastet flere skytevåpen over bord under kampene, men noen av aktivistene hevder at det ikke fantes skytevåpen ombord før angrepet fant sted.

Da aktivistene på *Mavi Marmara* til slutt kapitulerte, ble konvoien ført til Ashdod der Israel begynte å losse nødhjelpen fra de tre lasteskipene. Der oppdaget de at en del av utstyret var verdiløst. Mange medisiner var gått ut på dato for over ett år siden, og resten av medisinene var dårlig organisert. I lasten fant de også mye utstyr som ikke blir regnet som nødhjelp, slik som sofaer og lekeapparater. I tillegg var mye av utstyret knust, siden det meste av lasten bare var lempet i hauger i lasterommet på skipene. Noe sykehusutstyr som var ombord, var bare pakket inn i tynn plastikk og var ikke oppbevart under sterile forhold. I lasten fant de også kamuflasjefarget stoff, som åpenbart skulle brukes til uniformer for terrorister.

135

Allikevel sendte Israel nødhjelpen til Gazastripen i samarbeid med flere internasjonale organisasjoner. Men da 30 trailere med nødhjelp til slutt kom fram, viste det seg at Hamas nektet å ta imot nødhjelpen, og trailerne fikk ikke tillatelse til å kjøre inn på Gazastripen.[102]

Israel måtte tåle massiv kritikk fra statsministre og presidenter over hele verden da det ble kjent at ni aktivister var blitt drept i kampene med de israelske soldatene på det ene skipet.

«Jeg er rystet over nyheten om at israelske styrker har gått til militært angrep på sivile aktivister. Det er uakseptabelt,» sa Norges statsminister Jens Stoltenberg noen få timer etter at kampene var over, og tilføyde: «Vi fordømmer dette angrepet.»[103] Aftenposten fortalte at statsministerens kontor arrangerte en «hastig sammenkalt pressekonferanse» samme formiddag som angrepet fant sted. Stoltenberg mente også at det umiddelbart måtte nedsettes en internasjonal uavhengig granskning av det som skjedde.

Utenriksminister Jonas Gahr Støre fordømte også angrepet «mot sivile» og uttalte: «Det er avgjørende at stengningen av Gaza heves, slik at humanitær

---

102 Samme uke sendte Israel 484 andre trailere med totalt 12 413 tonn nødhjelp fra andre kilder til Gazastripen. Denne nødhjelpen var av mye høyere kvalitet, og den sa Hamas ja takk til. Dessuten fikk 373 pasienter og følgeslagere lov til å forlate Gazastripen for å søke medisinsk hjelp i Israel eller i Judea og Samaria.

103 «Krever granskning av angrepet på flåten», Aftenposten, 31. mai 2010, http://www.aftenposten.no/nyheter/iriks/article3672798.ece.

hjelp og annen nødvendig assistanse når frem til den palestinske befolkningen.»[104]

Bare det faktum at representanter for Norges regjering, som i skrivende stund er i kamp med terrorister i Afghanistan, kan ta parti for disse terroristenes allierte i en trefning med en demokratisk, vennligsinnet stat, er i seg sjelv urovekkende. Men følgene for den palestinaarabiske sivile befolkningen, er kanskje enda mer alvorlig.

Den norske statsministerens og utenriksministerens uttalelser kom som et slag i ansiktet på sivile israelere, og det er ingen tvil om at slike uttalelser er med på å undergravde den fredsprosessen som begynte mellom Israel og representanter for de palestinske araberne for nesten to tiår siden.

Hele grunnlaget for denne fredsprosessen har vært tosidige samtaler «i god tro» og med den hensikt å legge ned all strid og isteden møtes til gjensidige forhandlinger ved et bord. Når Israel nå opplever hvordan støttespillere for den ene parten i denne prosessen kan gå til voldelige angrep på den andre parten, samtidig som Israel selv blir kritisert fordi de forsvarer seg, finnes det ikke lenger noen grunn til at Israel skal delta i en diplomatisk fredsprosess med de palestinske araberne, eller at de blir mye mer restriktive for å gi palestinerne innrømmelser i framtiden.

Når Israel dessuten opplever hvordan den norske regjeringen krever en gransking, men samtidig fordømmer angrepet lenge før resultatet av en slik

---

104Ibid.

137

granskning er kjent, betyr det dessuten at de innser at Norge ikke lenger er en upartisk observatør i denne konflikten. Israelerne blir også sjokkert når de får høre hvordan utenriksministeren vil få en slutt på blokaden av Gazastripen «slik at humanitær hjelp og annen nødvendig assistanse når frem til den palestinske befolkningen», når den faktiske situasjonen er at den humanitære hjelpen kommer fram hver dag mens blokaden kun hindrer innførselen av våpen.

Det er dessuten sjokkerende at den norske regjeringen, ved å ene og alene fokusere på Israels rolle i konflikten, fullstendig overser den rollen som Hamas spiller og hvordan Hamas har ansvaret for daglige brudd på menneskerettighetene blant sivilbefolkningen på Gazastripen.

Kort tid før *Mavi Marmaras* angrep ble en barneleir under FNs regi satt i brann av terrorister fra Hamas. Den 23. mai 2010 brøt 30 maskerte og bevæpnede menn seg inn i UNRWA sin leir og satte fyr på den. Vanntanker, kontorer, utstyr, et gjerde og leker for barna ble ødelagt i brannen. Men den norske regjeringen fordømte verken dette angrepet eller noen andre brudd på menneskerettighetene som foregår på Gazastripen.

Den norske regjeringen tier stille hvis de ikke kan peke finger mot jødene. Alle andre grupper, som ikke er jødiske, kan behandle de sivile palestinske araberne hvordan de ønsker uten at den norske regjeringen sier et pip.

Hvem bryr seg om de palestinske araberne? De internasjonale aktivistene, som angivelig ville

138

hjelpe de sivile araberne på Gazastripen, satte av sted fra Tyrkia og Kypros med tre skip der det ikke fantes ett gram nødhjelp. De unnet de sivile araberne medisiner som var gått ut på dato for 15 måneder siden! I tillegg ruinerte de en del av det medisinske utstyret fordi de pakket det og fraktet det på en slurvete måte. Gud hjelpe de palestinske araberne hvis det er slike venner de har i Tyrkia og Europa!

Kapittel 13
Håpet om en palestinsk stat

En av de største og viktigste begivenhetene i det tjuende århundre var antagelig da 56 land[105] kom sammen i Paris i desember 1948 og bestemte seg for å vedta Verdenserklæringen om menneskerettighetene.

«Enhver har krav på alle de rettigheter og friheter som er nevnt i denne erklæring, uten forskjell av noen art, f.eks. på grunn av rase, farge, kjønn, språk, religion, politisk eller annen oppfatning, nasjonal eller sosial opprinnelse, eiendom, fødsel eller annet forhold. Det skal heller ikke gjøres noen forskjell på grunn av den politiske, rettslige eller internasjonale stilling som innehas av det land eller det område en person hører til, enten landet er uavhengig, står under tilsyn, er ikke-selvstyrende, eller på annen måte har begrenset suverenitet,» lyder artikkel 2 i erklæringen.

Det hadde aldri før i verdenshistorien skjedd at så mange land kom sammen nettopp for å beskytte menneskenes individuelle rettigheter. Det var omtrent et mirakel at dette faktisk kunne skje.

105Totalt 48 land stemte for Menneskerettighetserklæringen, mens åtte land avsto fra å stemme.

Mange av de landene som deltok i denne avstemningen, hadde i lang tid oppført seg som regelrette bøller både mot sine egne innbyggere og mot andre lands statsborgere siden uminnelige tider. Det var *nesten* slik at man trodde at Messias hadde kommet.

Men bare nesten. For framtiden ville dessverre vise at flere av disse landene ikke nølte med å bryte mot både en og to av de rettighetene de nettopp hadde vedtatt. Ja, jeg tror til og med at jeg tør påstå at det ikke finnes noe land som alltid har overholdt alle FNs menneskerettigheter siden den håpefulle dagen i 1948.

Det betyr ikke at vi ikke skal glede oss over de framskritt som faktisk har skjedd i denne perioden, for det er ingen tvil om at det i dag er flere verdensborgere som får nyte av demokratiets og frihetens søte frukter, enn det noensinne har vært i verdenshistorien.

Et av de landene som har forpliktet seg til å overholde de menneskelige rettighetene, er Staten Israel. Og på samme måte som med alle andre land, kan Israel peke på framskritt som er blitt gjort, samtidig som landets kritikere kan påpeke at alt ikke er bare fryd og gammen.

Siden Staten Israels fødsel i 1948, har landet vært i en situasjon som det for oss nordmenn kanskje kan være vanskelig å begripe. Israels regjering har ansvaret for å bevare menneskerettighetene for israelske jøder, israelske arabere, beduiner, drusere, ortodokse kristne, palestinske arabere og mange andre «eksotiske» folkegrupper som vi ikke forstår så mye om. Dette har vært en særdeles vanskelig jobb siden noen av disse gruppene har vært i militære eller religiøse konflikter med hverandre.

Det som er så tragisk, er at Israels regjering dermed iblant blir nødt til å prioritere mellom gruppene og de forskjellige menneskerettighetene.

La meg gi deg et konkret eksempel på dette:

Da terrorister fra Hamas og andre terrororganisasjoner begynte å invadere Israel i stor skala de første årene av det tredje millenniet, oppdaget den israelske regjeringen at mange israelske jøder mistet den mest grunnleggende av alle menneskerettigheter. Det er den første rettigheten som er klart uttalt i Menneskerettighetserklæringens artikkel 3: «Enhver har rett til liv.» Hvis man blir sprengt i filler av en bombe og havner i en svart sekk, spiller selvfølgelig ikke de andre menneskerettighetene noen som helst rolle.

Etter å ha vurdert hvordan de kunne forsvare de israelske jødenes rett til liv, bestemte den israelske regjeringen seg for å bygge en sikkerhetsbarrière for å forhindre terroristene fra å nå jødiske befolkningssentra. Dette betydde dessverre at noen palestinsk-arabiske bønder fikk problemer med å dyrke mat på sine jorder, og deres rett til å «bevege seg fritt ... innenfor en stats grenser»[106] ble begrenset.

For et par år siden hørte jeg en israelsk professor som forklarte hvordan Israels regjering jobber med

---

106Menneskerettighetserklæringens artikkel 13.1.

spørsmål om menneskerettigheter. Denne professoren hadde tidligere jobbet for regjeringen som rådgiver på dette feltet, og han forklarte at Israel alltid forsøker å finne kompromisser i slike situasjoner. Begge grupper kan ikke alltid få alle sine rettigheter, for hvis alle som tilhører den ene gruppa alltid fikk sine rettigheter, ville den andre gruppa ikke få frihet.

Dette betyr f.eks. at Israel iblant aktivt velger å sette sine egne jødiske innbyggere i fare for å gi palestinske arabere frihet, for hvis Israel alltid skulle ha hatt perfekt sikkerhet, ville de bli tvunget til å opprette en politistat der palestinere aldri ville ha fått noen rettigheter overhodet.

Det store spørsmålet i denne sammenhengen er dermed hvordan vi kan endre på den nåværende situasjonen slik at begge grupper i framtiden *kan* få del av alle sine rettigheter.

Svaret på det spørsmålet kan bare være at de to partene må stifte fred. Israelere og palestinere må bestemme seg for å begrave stridsøksa en gang for alle og sammen jobbe for at begge folk skal få leve i fred og trygghet.

Da er det merkelig at de palestinske lederne i fredsprosessen har trenert og utsatt samtalene gang etter gang nettopp som en protest mot det som de påstår er brudd mot menneskerettighetene.

Her er det på sin plass med enda et konkret eksempel:

De palestinske selvstyremyndighetene, PA, hevder at når den israelske regjeringen bestemmer seg for å bygge boliger for jøder i Judea eller

Samaria, er det et brudd på palestinernes menneskerettigheter og folkeretten. Og fordi Israel gjør dette, nekter PA å føre fredssamtaler med Israel.

La oss for et øyeblikk glemme spørsmålet om hvorvidt den israelske boligbyggingen faktisk *er* et brudd på folkeretten eller ikke. Det finnes faktisk veldig mange gode argumenter for at Israel har all rett til å gjøre dette i overensstemmelse med internasjonal lov.

Men uansett hva man mener om det spørsmålet, er det et faktum at det nettopp er forhandlinger med Israel som kan sette en sluttstrek for Israels bosettingspolitikk. Når man leser Oslo-avtalene, er det ingen tvil om at Israel har all rett til å fortsette med sin bosettingspolitikk inntil Israel og PA faktisk sitter ned og forhandler om dette spørsmålet som en del av en endelig fredsavtale.

Når PA sier at de ikke vil forhandle med Israel før Israel slutter å bygge «bosettinger», betyr det faktisk at Israels bosettingspolitikk vil fortsette i samme takt som tidligere. Palestinernes ledere vil at alle palestinere skal få sine rettigheter *før* de er rede til å stifte fred, selv om fred faktisk er en forutsetning for de menneskelige rettighetene. Man kan aldri regne med å få alle sine menneskelige rettigheter så lenge det pågår en militær konflikt.

Etter at PA hadde nektet å føre fredssamtaler i et par år, bestemte de seg plutselig for å gå til Forente Nasjoner og be om at FN anerkjente Palestina som en uavhengig stat og et fullverdig medlem av FN innenfor våpenhvilelinjene fra 1949. De gjorde dette på tross av at dette var stikk i strid med juridisk bindende FN-resolusjoner.

Et eksempel på en slik resolusjon er Sikkerhetsrådets resolusjon 338 fra 1973, der det står: «Sikkerhetsrådet bestemmer at, umiddelbart og samtidig som våpenhvilen, skal forhandlinger starte mellom de innblandede parter under tilbørlig ledelse, med et mål om å gjenopprette en rettferdig og varig fred i Midtøsten.»

Sikkerhetsrådet har altså bestemt at alle parter i konflikten har plikt til å forhandle for å oppnå fred. Når PA dermed velger å be FN om anerkjennelse *istedenfor* å forhandle om fred med Israel, vil det si at de ber FN om hjelp til å tråkke på FNs autoritet.

Les den setningen en gang til: Da de palestinske selvstyremyndighetene ba FN om å akseptere Palestina som et fullverdig medlem, betyr det at de ba FN om hjelp til å tråkke på FNs autoritet.

Istedenfor å gjøre det som både FNs resolusjoner og Oslo-avtalene forplikter dem til, det vil si å forhandle om fred i god tro, har de isteden bestemt seg for å fortsette konflikten og ta konflikten til et helt nytt plan. De har valgt å gjøre dette selv om en av følgene av dette kan bli at de palestinske araberne må leve mange år til uten å få del av alle de menneskelige rettighetene de har krav på.

Hvor lenge vil de palestinske myndighetene fortsette å prioritere konflikten med Israel framfor sine egne innbyggeres rettigheter og ve og vel?

Hvem bryr seg om de palestinske araberne? Ja, jeg bare spør!

Konklusjon

De aller fleste europeere i det 21. århundre er enige i at de palestinske araberne har rett til å leve i fred og trygghet med alle de menneskelige rettighetene som man kan lese om i Menneskerettighetserklæringen fra FN.

Men selv om de fleste er enige i dette, er det et faktum at den politikken som de vestlige regjeringene følger, ofte fører til at det motsatte blir tilfelle: Det blir mindre fred for palestinerne. Tryggheten forsvinner. De menneskelige rettighetene blir en saga blott. Til og med retten til liv blir et tomt løfte på et papir når terroristene tar over makten blant de sivile palestinerne. Av en eller annen grunn virker det som om vestlige politikere, journalister og aktivister egentlig ikke bryr seg om palestinernes ve og vel, selv om man gjerne og ofte snakker om rettighetene deres.

Hvordan kan dette være tilfelle? Hvordan kan det ha seg at verden gang på gang gjør alt de kan for å skyve palestinerne mot katastrofens rand?

Det er mange grunner til dette, og mangel på kunnskap og visdom er selvfølgelig en av de fremste. «Å frykte Herren er opphav til visdom,»[107]

---

107 Salme 111,10

147

sier salmisten. Den som frykter Herren, vil først av alt gå til Guds ord for å finne løsningen på den israelsk-arabiske konflikten, og dette vil gi visdom og innsikt til å forstå at løsningen på ingen måte er å gi PLOs terrorister mer makt. Men når man ikke frykter Herren, vil man i sin stolthet istedenfor å gå til Guds ord prøve å finne løsningen i menneskelig visdom. Og dette vil alltid føre til katastrofe.

En annen grunn til at verden støtter en politikk som er negativ for palestinerne, er også at verden i bunn og grunn er antisemittisk, og man bryr seg egentlig ikke om hvordan det går med araberne bare man kan kritisere jødene. Det var jødene som ga verden De ti bud, og De ti bud skjærer mennesker i hjertene på en slik måte at man gjerne og ofte vil påpeke at «jødene gjør ikke alt rett de heller», og man bryr seg lite eller ingenting om andre også blir offer for resultatet av denne kritikken eller for politikk som er bygd på behovet for å kritisere jødene.

Men jeg tror at det finnes enda et svar på dette spørsmålet. Og for å finne det svaret, må vi ta et historisk tilbakeblikk på hvem palestinerne egentlig er.

De moderne palestinske araberne er etterkommerne etter forskjellige grupper mennesker som har bodd i landet i løpet av de siste 2000 årene. I dag sier vi at de er arabere, men det er på ingen måte sikkert at alle disse faktisk har arabisk opprinnelse. Araberne mener selv at de er etterkommere etter Abrahams sønn Ismael, og blant de palestinske araberne finnes det helt sikkert

148

mange med stamtavler som på en eller annen måte kan spores tilbake til Ismaels tolv sønner.

I Bibelen kan vi lese at Gud ville velsigne Ismael og hans etterkommere: «Din bønn for Ismael har jeg hørt. Jeg vil velsigne ham og gjøre ham fruktbar og gi ham en meget tallrik ætt. Tolv høvdinger skal han bli far til, og jeg vil gjøre ham til et stort folk.»[108] All elendigheten som verden har brakt over de palestinske araberne, er altså et direkte angrep på den velsignelsen som Gud har ment at Ismaels etterkommere skulle leve under.

Men dette er ikke alt. Noen av de palestinske araberne er etterkommere etter arabiske immigranter som kom til landet i første halvdel av det tjuende århundre, men det finnes også palestinske arabere som er etterkommere etter slekter som har bodd der i mange generasjoner.

Det som er den sjokkerende sannheten, er at noen av dem faktisk har jødisk bakgrunn. Ja, du leste riktig, noen av de som vi i dag kaller for «palestinere», har egentlig jødiske røtter.

Det er en utbredt misoppfatning at alle jøder forlot landet da templet ble ødelagt i 70 e.Kr. eller da Bar Kokhbas opprør ble slått ned i 135. Helt siden Josvas tid for omtrent 3300 år siden, har det alltid bodd jøder i *eretz Israel*, eller «Israels land», som de selv kaller det for. Men livet i landet har aldri vært noen dans på roser.

I løpet av de siste to millennier er landet blitt militært erobret og okkupert av romere, bysantinere, persere, arabere, korsfarere, tatarer, mamelukker,

---

108 1 Mosebok 17,20.

tyrkere og briter, og det er ofte jødene som har vært nødt til å ta den verste støyten under mange av disse regimene. Og noen ganger ble jødene til og med truet på livet og tvunget til å konvertere til kristendommen eller islam. I 1012 ga den muslimske kalif el-Hakim ordre om at alle jøder enten skulle konvertere til islam eller forlate landet, og historikerne gjetter på at opptil 90 prosent av jødene valgte å konvertere selv om mange av dem fortsatt praktiserte jødedommen i all hemmelighet.

Dermed forsvant store deler av den jødiske befolkningen, og disse jødiske familienes etterkommere ble isteden betraktet som kristne eller muslimske arabere.

Noen av de som vi i dag kjenner som «palestinske arabere», har altså jødiske forfedre. Noen kilder hevder at det kan være snakk om så mye som 85 prosent av araberne i Israel,[109] selv om dette tallet sannsynligvis er altfor høyt. Mange av disse lever i frykt for de muslimske terroristene fra Hamas og Fatah, for de vet hvilke konsekvenser det vil få dersom de snakker åpent om sin jødiske opprinnelse.

Når man tar i betraktning at en god del «palestinske arabere» egentlig har jødiske røtter, er det ikke vanskelig å forstå at de samme menneskene over hele verden som støtter antisemittisk politikk og praksis, også støtter en politikk som er negativ for palestinerne. Den samme antisemittismen som

---

109Hillel Fendel, «Arabs of Jewish Descent in Israel», Israel National News, 9. august 2009, http://www.israelnational news.com/News/News.aspx/132800.

150

slår mot jødene, slår også mot de som vi i dag kaller for «palestinske arabere», men som iblant kan ha jødiske røtter.

Det er på tide at kristne reiser seg opp og sier stopp for all den galskapen som pågår i dag.

Hvorfor skal man påtvinge palestinerne et korrupt styre med flere av PLOs beryktede terrorister ved roret?

Hvorfor skal man presse Israel til å fjerne de demningene som forhindrer Hamas og andre islamistiske terrororganisasjonene fra å ta over styringen over palestinerne?

Hvorfor skal man legge til rette for at palestinerne skal være nødt til å leve under et diktatorisk styre som ingen vestlige personer ville vært villige til å leve under?

Nei, la oss isteden si: Skje din vilje, som i himmelen, så og i Israel!

Og når Guds vilje skjer, vil det være til velsignelse både for de palestinske araberne og for alle andre nasjoner over hele verden.

Hvem bryr seg om palestinerne? Gud bryr seg om palestinerne! Og han vil velsigne dem gjennom det jødiske folket, som alltid har vært Guds kanal for velsignelse til alle folk og stammer her på jorda.

Gud velsigne deg, og må Gud lede deg til å handle rett slik at du kan være en velsignelse for både jøder og arabere i overensstemmelse med Guds planer og Guds urokkelige ord.

Om forfatteren

Jon Andersen har vært aktivt involvert i arbeid blant det jødiske folk siden 1994. I åtte år bodde han i Russland der han arbeidet for den svenske organisasjonen Operation Jabotinsky med å bygge opp et nettverk av menigheter for å bekjempe antisemittismen og hjelpe jødene. I løpet av denne perioden besøkte han over 100 kristne menigheter fra St. Petersburg i vest til Vladivostok i øst, underviste på 10 bibelskoler, og ble invitert til å tale i jødiske synagoger, klubber og andre sammenkomster.

I løpet av de siste årene har Andersen foretatt en rekke reportasjeturer til Israel, og i 2004 bodde han et halvt år i Jerusalem, der han var redaktør og skribent for det elektroniske nyhetsbrevet Israelrapport. I skrivende stund er forfatteren bosatt i Sverige.

Siden 1990 har Andersen besøkt Israel nesten 40 ganger, og han har vært guide for flere mindre turistgrupper som har besøkt landet. Han driver en blogg på www.sionblogg.com, mens følgende bøker er til salgs på www.himmelbok.no:

Slagmark – Israels historie 1945-2009. Denne boka ble opprinnelig utgitt på Hermon Forlag i 2009. En ny, heftet billigutgave av boka er nå til salgs.

Israel – Fra Dan til Beer Sheva. Dette er en reisehåndbok som beskriver mer enn 200 severdigheter over hele Det hellige land med fargefotografier fra de fleste severdighetene.

Hvem bryr seg om palestinerne? Bok nummer en i serien «Israel og nasjonene». Boka handler om Israels forhold til de palestinske araberne.

Onkel Sam eller onkel Judas? Bok nummer to i serien «Israel og nasjonene». Boka handler om Israels forhold til USA.

www.himmelbok.no

Ønsker du også å skrive og gi ut dine egne bøker?
Himmelbok publiserer og selger bøker av
forskjellige kristne forfattere. Besøk
www.himmelbok.no *for mer informasjon!*

www.ingramcontent.com/pod-product-compliance
Lightning Source LLC
Chambersburg PA
CBHW051736020426
42333CB00014B/1344